*Da liberdade do cristão*
*Prefácios à Bíblia*

# FUNDAÇÃO EDITORA DA UNESP

*Presidente do Conselho Curador*
Mário Sérgio Vasconcelos

*Diretor-Presidente*
José Castilho Marques Neto

*Editor-Executivo*
Jézio Hernani Bomfim Gutierre

*Superintendente Administrativo e Financeiro*
William de Souza Agostinho

*Assessora Editorial*
Maria Candida Soares Del Masso

*Conselho Editorial Acadêmico*
Áureo Busetto
Carlos Magno Castelo Branco Fortaleza
Elisabete Maniglia
Henrique Nunes de Oliveira
João Francisco Galera Monico
José Leonardo do Nascimento
Lourenço Chacon Jurado Filho
Maria de Lourdes Ortiz Gandini Baldan
Paula da Cruz Landim
Rogério Rosenfeld

*Editores-Assistentes*
Anderson Nobara
Jorge Pereira Filho
Leandro Rodrigues

MARTINHO LUTERO

# *Da liberdade do cristão*
## *Prefácios à Bíblia*
## *(Edição bilíngue)*

Tradução
Erlon José Paschoal

Revisão do alemão
Carlos Eduardo Jordão Machado

2ª edição revista

Copyright © 1997 da tradução brasileira:
Título original: *Von der Freiheit eines Christenmenschen (1520)*

Fundação Editora da Unesp (FEU)
Praça da Sé, 108
01001-900 – São Paulo – SP
Tel.: (011) 3232-7171
Fax: (011) 3232-7172
www.editora.unesp.br
www.livrariaunesp.br
feu@editora.unesp.br

Cip-Brasil. Catalogação na fonte
Sindicato Nacional dos Editores de Livros, RJ

L991d

Lutero, Martinho, 1483-1546.

Da liberdade do cristão: prefácios à Bíblia / Martinho Lutero; tradução Erlon José Paschoal; revisão do alemão Carlos Eduardo Jordão Machado. – [2.ed. rev.]. – São Paulo: Ed. Unesp, 2015.

Edição bilíngue, português e alemão
ISBN 978-85-393-0158-4

1. Igrejas luteranas – Doutrinas – Obras anteriores a 1800.  2. Liberdade – Aspectos religiosos – Igrejas luteranas – Obras anteriores a 1800.  3. Cristianismo. I. Título.

11-4481.                                                           CDD: 284.1
                                                                   CDU: 274.5

Índice para catálogo sistemático:
1. Liberdade: Cristianismo  261.72

Editora afiliada:

Asociación de Editoriales Universitarias de América Latina y el Caribe

Associação Brasileira de Editoras Universitárias

# *Sumário*

Introdução . 7

Von der Freiheit eines Christenmenschen (1520) . 22
Da liberdade do cristão (1520) . 23

Vorrede auf das Neue Testament (1522) . 70
Prefácio ao Novo Testamento (1522) . 71

Vorrede auf die Epistel Sankt Paulus zu den
Römern (1522) . 82
Prefácio à Epístola de São Paulo aos
Romanos (1522) . 83

Vorrede auf das Alte Testament (1523) . 96
Prefácio ao Velho Testamento (1523) . 97

# Introdução

Os textos reunidos neste livro produziram esperança e alegria em milhões de seres humanos. Apesar dos exageros, de um lado, e das injustiças, de outro, seu efeito foi estratégico na elaboração do pensamento filosófico moderno, amigo da liberdade e do raciocínio sem peias. O grito que eles suscitaram, em todos os intelectos libertos das amarras pontificais – *Gedanken sind Zollfrei!*[1] –, repercute até os nossos dias. Nesses escritos, Lutero modificou a língua, o imaginário, os valores do cristianismo. Deste modo, ele abriu caminho para as formas do pensamento moderno, instaurando a subjetividade que dissolveu a Tradição. Com esta última, o poder clerical foi abalado em definitivo. Esse é o núcleo da *Aufklärung*, sobretudo na crítica empreendida por Immanuel Kant.

O divino, após Lutero, encontra-se de modo privilegiado na consciência humana. Cada indivíduo realiza, em si mesmo, as núpcias entre o infinito e a finitude. Transfigurando o Cântico dos Cânticos no vigoroso manifesto sobre a liberdade cristã, Lutero proclama o erotismo sublime que arrasta o ser mortal para o Eterno. Este, por amor, mergulhou no tempo, assumindo integralmente as nossas dores e anseios, dando-lhes sentido. Recortemos um trecho importante de *Da liberdade do cristão*. A fé, diz o reformador, não só torna a alma livre, cheia de graça e bem-aven-

---

1  "Pensamentos são livres de aduanas."

turada, semelhante à Palavra divina. "Não só": desde os primórdios da Igreja, a doutrina de uma *Christomimesis* é patrimônio comum dos crentes. Mesmo Tomás de Aquino, recusado com dureza por Lutero, considera que o mundo natural, embora composto de luz e trevas, não é um exílio perpétuo, longe do Criador. Isolado, pensa o luminar católico, o poder natural do entendimento não basta para ver a essência divina: "é indispensável que, em virtude da Graça, seja-lhe concedido o poder intelectual [...] Esta é a luz de que fala o Apocalipse, referindo-se à cidade dos bem-aventurados que veem a Deus, que o clarão de Deus a ilumina e, por esta luz, eles se tornam deiformes, isto é, semelhantes a Deus (*idest Deo similes*)" (*Summa Theologia*).[2]

"Não só." Lutero conduz à mais alta formulação o vínculo entre Deus e homem. Ambos, pela Graça e com auxílio da fé, são como "uma noiva com seu noivo". Antes de *Da liberdade do cristão*, "a noiva" do Cântico dos Cânticos era, como sublinha Tomás de Aquino, "a sociedade dos bem-aventurados", a Igreja triunfante. Desta, a *Ecclesia*, visível no tempo e no espaço, seria um reflexo, signo da fé coletiva. Na visão luterana, o cristão individual é assumido diretamente no vínculo divinizador. "Desse casamento", acrescenta Lutero, "resulta [...] que o Cristo e a alma formam um só corpo, tornando bens comuns a ambos a felicidade e o infortúnio e tudo o mais".

As culturas judaicas e cristãs tiveram particular predileção pelo Cântico dos Cânticos. A base cristã para ler este e outros livros do Antigo Testamento encontra-se, como Lutero mesmo recorda, em São Paulo, na Primeira Epístola aos Coríntios: "Estas coisas lhes aconteceram para servir de figura e foram escritas para nossa instrução, nós que fomos atingidos pelo fim dos tempos". Esse caminho in-

---

2  Aquino, nessa passagem, comenta o contexto de visão e luz, no Apocalipse, unido às núpcias entre Cristo e a Igreja. No Juízo derradeiro, Deus retira dos olhos crentes toda lágrima, permitindo-lhes enxergar "a noiva, a esposa do Cordeiro", a "Nova Jerusalém". "*Et civitas non eget sole neque luna, ut luceant ei, nam claritas Dei illuminavit eam, et lucerna eius est Agnus*" (Apocalipse, 21, 9 e 21, 23).

*Da liberdade do cristão*

terpretativo teve início nos pensadores judeus. Não é apenas no Cântico dos Cânticos que se usa a imagem do vínculo conjugal para descrever as relações tumultuadas entre Jeová e seu povo. Encontramos esse traço em Isaías (5, 1 ss.), onde Israel é chamado de "prostituta" que traiu seu antigo amor. Se os infiéis se arrependerem, "como o noivo se alegra da noiva, assim de ti se alegrará o teu Deus" (Isaías, 62, 5). Deus canta o amor nupcial entre Ele e seu povo em Jeremias: "Lembro-me de ti, da tua afeição quando eras jovem, e do teu amor quando noiva, e de como me seguias no deserto [...]" (2, 2). E também em Oséias: "Desposar-te-ei comigo em fidelidade, e conhecerás ao Senhor" (2, 20). É natural, pois, que Lutero, enxergando as infidelidades romanas, tenha retirado da própria Bíblia o termo que feriu os católicos profundamente. Para ele, seguindo os profetas, a Igreja se prostituíra. Como veremos adiante, muitos cristãos realizaram, antes do Reformador, o mesmo diagnóstico. Por este prisma, *A divina comédia* é apenas um documento, entre milhares.

A figura conjugal é nuclear na hermenêutica judaica, sobretudo na que foi acolhida pela Igreja cristã. A ideia das "núpcias sagradas" tem papel importante no Zohar e na cabala. No Zohar, trata-se da reunião de dois Sefiroth, do aspecto feminino e masculino em Deus. O símbolo da união conjugal entre Deus e Israel, entre Deus e a alma, é muito importante. Segundo o Rabi Yossé, o rei Salomão o entoou enquanto construía o Templo, e todos os mundos inferiores e superiores celebraram cantos de louvor, cujo ápice é o Cântico dos Cânticos. Este abarcaria a Torá, o Gênesis, o segredo dos Patriarcas. Ele relataria, sob forma velada, todos os fatos notáveis da história israelita, como os Dez Mandamentos, a Aliança, a travessia do deserto, a chegada em Israel, a construção do Templo, o exílio na Babilônia, e a liberdade final. O Cântico dos Cânticos celebra o "dia dos dias", que reúne o presente, o passado, o futuro.

Segundo o Rabi Eliezer, quando Deus formou o mundo, ele fez com a mão direita o céu e, com a esquerda, a terra, criou anjos para cantar os cânticos diurnos, e outros

para cantar a noite. Quando os homens repetem o Cântico dos Cânticos, eles seguem os seres angélicos, unindo suas vozes e renovando a terra. O Rabi Neemias proclamou: "feliz o homem que penetra nos segredos do Cântico dos Cânticos". Assim, ele vai até o fundo da Torá, chega à sapiência e eleva diante de Deus o presente, o passado, o futuro. O Cântico dos Cânticos não integrava, primitivamente, os textos canônicos da Bíblia. Nele, Deus nunca é mencionado. O Rabi Aquiba (século II) conseguiu fazê-lo entrar no cânone. Escreveu o mesmo Rabi: "Toda a Bíblia é santa, mas o Cântico dos Cânticos é sacrossanto (Kôdesh Kôdeshim)".[3]

Na Igreja, a coletânea de poemas foi prezada de modo intenso. Mas a sua exegese era difícil e perigosa. São Bernardo, num sermão sobre a Epifania, ao explicar o Evangelho das núpcias de Caná, disse que o esposo designa o Cristo, e a esposa somos nós. Todos somos uma esposa diante do divino. Em seu comentário sobre o Cântico dos Cânticos (nos Sermões 8, 9, 10), São Bernardo leva adiante a figura conjugal. Diante do enunciado "Que ele me beije com um beijo de sua boca", o mesmo exegeta compara a experiência do "beijo espiritual" a um maná secreto, signo de amor, efusão do Espírito Santo. Trata-se da luz que traz conhecimento, mas que oferta o fogo amoroso. A esposa é a nossa alma sedenta de Deus. Ela ama com tamanho ardor que esquece a sublime majestade do amante. Só há um símile entre o homem da carne, preso ao desejo humano, e o homem espiritual: eles nunca estão saciados. O divino e o terrestre, diferentes em dignidade, se encontram e se amam. O mundo não se prostituiu totalmente. A alma esposa não despreza a criação, mas a valoriza. Ela espera o dia do Juízo Final, quando haverá o encontro dos dois extremos, o humano e o divino. Neste dia, serão unidos o exterior e o íntimo, e não mais haverá masculino ou feminino.

Mas não apenas em sentido laudatório se compara a noiva do poema à Igreja, na Idade Média e no início da

---

3 Para todos estes aspectos, leia-se o belo texto de Davy, M. M. *Initiation à la symbolique romane*. Paris: Flammarion, 1977.

*Da liberdade do cristão*

moderna. Tomemos um trecho do "Paraíso" dantesco: "*Cosí si fa la pelle bianca nera / nel primo aspetto della bella figlia / di quel ch'apporta mane e lascia serà*" ("Assim se faz negra a pele branca, da bela filha o primeiro rosto, daquele que traz a manhã e deixa a noite") (Canto 27). Dante, assim, inicia o ataque a Bonifácio VIII, o papa simoníaco, agiota de Cristo e de sua Igreja, promotor da prostituição das coisas santas, usurpando o lugar de Pedro. Erich Auerbach, analisando a passagem, num texto intitulado "Pelles Salomonis",[4] remete para o pensamento do homem medieval, douto ou não. Cito Auerbach diretamente: "os motivos 'bela filha', 'pele branca', 'negra', 'sol' contêm para o leitor medieval uma referência à passagem do Cântico, o verso '*Nigra sum sed formosa, filiae Jerusalem, sicut tabernaculum Cedar, sicut pelles Salomonis*'". A alusão é evidente com certeza para o leitor medieval, mas não para nós. Mas se pensarmos que "no Canto 27 inteiro do Paraíso o tema é a corrupção da vida da Igreja (com a cólera e a vergonha que isto suscita)", as coisas se esclarecem. Este tema, arremata Auerbach, está "ligado constantemente ao da mudança ou perda da cor (versos 13-15, 19-21, 28-36)".

Semelhante metamorfose visual liga-se, no mesmo Canto dantesco, à crítica dos que prostituíam a Igreja, esposa de Deus: "*Non fu la sposa di Cristo allevata / del sangue mio, di Lin, di quel di Cleto, per essere ad acquisto l'oro usata; ma, per acquisto d'esto viver lieto*" ("Não foi a esposa de Cristo alimentada / com meu sangue, com o de Lino e de Cleto [papas mártires, como Pedro], para ser usada na conquista de ouro, mas para a conquista deste viver feliz"). Os padres e o papa simoníaco tornam-se negros, enquanto a Igreja deveria ser alva.

O trabalho moderno, na interpretação filosófica e teológica dos textos bíblicos, deu-se a partir de Lorenzo Valla. Erasmo[5] e Lutero seguiram Valla de modos distintos, mas

---

4 *In studi su Dante*. Milano: Feltrinelli, 1995, p.261 ss.

5 Cf. Chomarat, J. *Grammaire et rhetorique chez Erasme*. Paris: Belles Lettres, 1995.

com desconfianças e críticas à leitura tradicional. O primeiro, em nome do rigor filológico e do *decorum* literário, o segundo, especialmente pelo seu programa de seguir apenas a Escritura. Lutero critica nos "papistas" a sua "liberalidade alegorizante" como sacrilégio. Há, no texto sobre a "Liberdade do cristão", na passagem sobre o casamento entre Deus e o homem, um sentido místico eminente, sendo ele a causa espiritual do moderno impulso filosófico e literário alemão. Se percorrermos a linha que vai do Cântico dos Cânticos até o romantismo de Novalis (nos "Hinos à noite"), passando pela Idade Média, com a decisiva inflexão produzida por Lutero, veremos que os seus avatares seguem o nascimento e a morte da subjetividade, um dos problemas mais graves da filosofia contemporânea.

Aberto o caminho do subjetivo, com o seu distanciamento diante da natureza, não há retorno possível à ideia de uma autoridade visível, a Igreja Católica, fonte única da salvação. O itinerário para o divino, desde Lutero, não é exterior, mas se desenvolve na consciência. Sem a Graça, desaparecem as esperanças de imortalidade, somos jogados num mundo sem poros. As núpcias entre o finito e o infinito, a reconciliação absoluta, constituem a única esperança de paz. Sem elas, o próprio amor é tormento infernal. E disso os maiores poetas da modernidade tiveram a experiência. Retomando o Cântico dos Cânticos, Camões gerou os agora banalizados versos sobre o "contentamento descontente", mas também o espantoso poema sobre Eco, apaixonada por Narciso. Nele, o escritor fala de si mesmo, lembra que "os olhos que vivem descontentes, descontente o prazer se lhe afigura". E por quê? Responde o vate: "[...] se o amor não se perde em vida ausente, menos se perderá por morte escura; porque, enfim, a alma vive eternamente, e amor é afeito d'alma, e sempre dura". Sem a Graça, já anunciava Lutero, o homem fala consigo mesmo, sem resposta. Essa solidão é demoníaca. Ela reforça o pêndulo entre paz e inquietude.

Tais culminâncias místicas, notáveis em Lutero, também são partilhadas pelos contemplativos mais elevados da Igreja Católica. Quem duvida, leia as páginas lancinantes

*Da liberdade do cristão*

de Santa Tereza de Jesus, nas suas *Meditações sobre os Cânticos dos Cânticos*, não por acaso censuradas pelos diretores espirituais, e só acessíveis hoje pelo acaso que recolheu manuscritos não incinerados daquele poema em prosa.[6] Os místicos autênticos conhecem a "noite escura da alma". Todo filósofo digno deste nome enfrenta o problema do sujeito e da sensibilidade, sobretudo no campo da paixão. Por este prisma, o Cântico dos Cânticos é um convite poderoso ao encanto e ao pensamento, sem rupturas entre esses dois traços antropológicos fundamentais.

Escolhi esse caminho para ouvirmos a meditação da grande obra luterana porque, após séculos de anátemas entre reformados e católicos, a figura de Lutero foi distorcida de mil maneiras. Evidentemente, o lado místico não é exclusivo no grande instaurador de nossa consciência. Mas os comentadores, embora sublinhando, como o faz Max Weber, a menor radicalidade na secularização luterana, sobretudo diante de Calvino, a integram na finitude, como João Batista do espírito laico, trazendo o desencanto do mundo. Essa exegese da vida e dos trabalhos luteranos foi gerada pelo romantismo, para quem os protestantes dessacralizaram o universo em proveito da razão calculista. O elogio aos jesuítas, em *Cristandade ou Europa*, e os encômios à Igreja Católica, na pena de Novalis, iniciam a campanha dos conservadores de todos os calados, que aceitaram a genealogia da "perdição modernista e democrática": segundo essa vertente, "Lutero concluiu a grande obra de secularização da inteligência humana". Isso é o que afirma, com De Bonald, De Maistre, e outros contrarrevolucionários, Donoso Cortés, o profeta bem-amado de Carl Schmitt, "jurista" que justificou a selvageria do nazismo.

Um comentarista de Juan Donoso Cortés enuncia: segundo o reacionário espanhol, "antes do século XVI existiram revoluções no mundo cristão. Mas elas só queriam mudanças acidentais nas formas de existir dos povos. A

---

6 In: Santa Tereza de Jesus, *Obras completas*. Madrid: BAC, 1986, p.421 ss.

verdadeira Revolução, com maiúscula, a transmutação de toda a ordem cristã, começou no dia em que Lutero queimou, na praça de Wittenberg, a bula pela qual Leão X o excomungava. A consequente proclamação – no clima propício do Renascimento – do livre exame e da teoria sobre a necessária e absoluta corrupção da natureza humana e da justificação extrínseca, acabaram fundamentando a revolução [...] Se desligamos a razão de toda trava autoritária, já estamos a um passo – por meio do racionalismo cartesiano – de Rousseau, do liberalismo e do socialismo".[7]

Não só os reacionários leram desse modo o movimento luterano, dando à política democrática uma crônica iniciada pela Reforma. Hegel, entre muitos filósofos liberais, ou mesmo jacobinos como Fichte[8] viram no luteranismo as sementes das Luzes e da Revolução Francesa. Madame de Staël assinalou a passagem operada pelo protestantismo: "Quando Lutero surgiu, a religião era apenas um poder político, atacada e defendida como um interesse mundano. Lutero a elevou ao plano do pensamento".[9] É célebre a frase das hegelianas *Lições sobre a história da filosofia*: "O que Lutero iniciou apenas na esfera da alma, da sensibilidade – a liberdade do espírito [...] – foi proclamado pelos franceses". "Da liberdade do cristão", pois, teria seu programa efetivado plenamente nos Direitos Humanos de 1789.

Essas teses deixam na sombra as dificuldades, sofridas por Lutero e por seus amigos, na hora de enfrentar revoltas graves dos camponeses, lideradas por Thomas Münzer. O Evangelho estaria distante do exercício político, sobretudo na manutenção da ordem: "tentar exercer o governo de todo

---

7  Valverde, C. Pe. Introdução. In: *Obras completas de Juan Donoso Cortés*. Madrid: BAC, 1970, p.143.

8  "Os reformadores foram os esclarecidos libertadores dos espíritos [...] o protestantismo, em geral, foi apenas a liberdade de espírito." Assim, "catolicismo e protestantismo são dois conceitos contraditórios: o primeiro é positivo, o segundo é negativo". Fichte, J. G. *Tentativa de corrigir o juízo do público sobre a Revolução Francesa* (1793-1794). Hamburg: Felix Meiner, 1973. p.285.

9  *De l'Allemagne*. Paris: Firmin-Didot, s. d., p.521.

*Da liberdade do cristão*

um país, ou do mundo, com o Evangelho, é como se um pastor juntasse no mesmo estábulo os lobos, os leões, as águias e as ovelhas [...] As ovelhas, sem dúvida, seguiriam a paz e se deixariam conduzir pacificamente. Mas elas não viveriam muito tempo, e não restaria uma só".[10] Resultado: se o dono do poder temporal "deseja abater e castigar aqueles camponeses sem lhes ter previamente proposto a via do direito e da equidade, eu não me oponho, mesmo que esta autoridade não reconheça o Evangelho [...] qualquer autoridade, mesmo pagã, tem o direito e o poder, e mesmo o dever, de castigar semelhantes celerados".[11] O caminho de Lutero a Robespierre não é reto, se ele existir. Contrarrevolucionários e liberais torcem o fio condutor. Na liberdade do cristão, tal como a entende o Reformador, o liberalismo não estaria embutido, como nas conhecidas bonequinhas russas.

Essas leituras anacrônicas e problemáticas suscitaram, nos séculos XIX e XX, em termos filosóficos e históricos, muitos equívocos. Nietzsche, de um lado, e Lucien Febvre servem como exemplos. Para o primeiro, o alemão teria alma servil e miserável. O sentimento religioso, reprimido e acumulado em Lutero, "explodiu na sua filosofia, confusa e incerta, como todas as coisas alemãs [...] como em Hegel e Schelling".[12] Lutero, de extração social inferior, não compreendeu a vida contemplativa do catolicismo, destinada aos indivíduos elevados.[13] "Subordinar-se, colocar-se no séquito, publicamente ou em segredo – esta é a virtude alemã. Já muito antes de Kant e do seu imperativo categórico, partindo do mesmo modo de pensar, Lutero havia dito que deve existir um ser no qual o homem possa, incondicionalmente, confiar. Esta era a sua demonstração da existência de Deus, ele queria, de modo mais grosseiro

---

10  "Autoridade temporal e obediência". In: *Luther et l'autorité temporelle (1521-1525)*. Trad. Lefebvre. Paris: Aubier, 1973 (bilíngue).

11  "Contra os bandos ladrões e assassinos dos camponeses". In: *Luther et l'autorité temporelle*, op. cit., p.251.

12  *Para além do bem e do mal*. Uso a edição italiana de G. Colli e M. Montinari. Milano: Mondadori, 1981, p.293.

13  *Aurora*, ed. Colli e Montinari, op. cit., p.63-4.

e popular do que Kant, que se obedecesse não a um conceito, mas a uma pessoa. E mesmo Kant, em sua conclusão, compreendeu o seu volteio vicioso ao redor da moral, só para chegar à obediência diante da pessoa. Tal é o culto dos alemães [...]".[14] Lutero, modelo do ressentimento popularesco, "aumentou sua raiva contra a vida contemplativa depois de falir enquanto monge, e sentir-se incapaz de atingir a santidade. Vingativo e prepotente como ele era, colocou-se ao lado da vida prática, dos camponeses e dos artesãos" (Aurora). E mais: "todas as qualidades de Lutero foram desgraçadamente sumárias, superficiais, desastradas, sendo ele sobretudo um homem do povo, ao qual faltava toda a herança de uma classe dominante, todo instinto de potência".[15] Lutero: paradigma do "plebeísmo do espírito"...

Cito um último texto de Nietzsche contra Lutero, porque ele indica o ponto nevrálgico das exegeses sobre a Reforma e o Renascimento, enquanto berços da modernidade: o cristianismo, com o Renascimento, desapareceria. Todo leitor de Erasmo, especialmente do *Ciceronianus*, sabe o quanto o ex-amigo de Lutero rejeita a "paganização" da corte e da retórica vaticanas. Os sermões abandonam o Cristo, lamenta Erasmo, e nomeiam Deus e o papa com títulos como "Júpiter Máximo" etc. Nietzsche vai adiante: na Renascença ocorrera um fenômeno político e religioso "que faria todas as divindades do Olimpo rirem de modo imortal". Em tom que lembra Luciano de Samósata, Nietzsche entra no assunto: "*Cesar Borgia, papa...*Vocês entendem? *Esta* seria a vitória à qual, hoje, eu aspiro. Daquele modo, o cristianismo teria sido *liquidado*! Mas o que ocorreu, no entanto? Um monge alemão, Lutero, visitou Roma. Este monge, com o peito cheio de todos os instintos de vingança de padre fracassado, indignou-se, em Roma, contra o Renascimento [...] Ao contrário de compreender com extrema gratidão a coisa imensa que ocorrera, a superação do cristianismo na sua própria sede, o seu ódio soube extrair deste espetáculo apenas

---

14 Ibidem, p.150.
15 *A gaia ciência*, ed. Colli e Montinari, op. cit., p.220-1.

*Da liberdade do cristão*

o próprio alimento. Um homem religioso pensa apenas em si mesmo. Lutero viu a corrupção do papado, enquanto seria possível tocar com as mãos exatamente o contrário: no trono papal *não* mais estava a corrupção antiga, o *peccatum originale*, o cristianismo! Mas a vida! Mas o triunfo da vida! Mas o grande 'sim' para tudo o que é elevado, belo, temerário! [...] e Lutero *restaurou a Igreja novamente*: atacou-a [...] A Renascença – um acontecimento sem sentido, uma grande *inutilidade*! Ah, estes alemães, eles já nos custaram muito! Inutilidade – é sempre este o *trabalho* dos alemães – a Reforma; Leibniz; Kant; e a dita filosofia alemã [...]".[16]

Nesse texto, como nos demais escritos sobre Lutero, a Reforma, a Revolução Francesa, marcas essenciais da modernidade, Nietzsche ressalta o diagnóstico do ressentimento das "classes baixas", o fracasso pessoal de Lutero na vida contemplativa, seu mal-estar dentro de uma instituição aristocrática, a Igreja Católica. Com o Reformador, o vulgo abriu sua trilha rumo aos jacobinos, apressando a decadência europeia. O mais importante, nesse ponto, é a negação decidida, enunciada por Nietzsche, do papel dessacralizador exercido por Lutero. Ele teria *impedido* o Renascimento, com a religião pagã, reinstaurando a transcendência no mesmo ato em que fundava toda especulação filosófica, de Leibniz até Hegel. Em nota manuscrita, editada por Colli e Montinari, Nietzsche diz o que pensa dos filósofos, herdeiros de Lutero e dos idealistas: "os alemães não têm culpa, afinal, se o 'inconsciente' Senhor Eduardo von Hartmann, ou um canalha venenoso e bilioso como o antissemita berlinense Sr. E. Dühring, abusam do nome de 'filósofo'. Entre os sequazes deste último não há uma só pessoa de bem, e entre os do primeiro, nenhum 'intelecto' respeitável".[17] Nietzsche coloca o dedo nas feridas mais purulentas do "idealismo" alemão, o qual, no fim do sécu-

---

16 *O anticristo*, ed. Colli e Montinari, op. cit., p.201. Os grifos são de Nietzsche.

17 Nota ao texto *O crepúsculo dos ídolos*, ed. Colli e Montinari, op. cit., p.442.

lo XIX e começo do XX, racionalizou o antissemitismo, justificou a guerra imperialista (como é o caso de Meinecke), deu à força pura um manto respeitável, a superfície "cristã". Max Weber indica, em *Economia e sociedade*, o quanto a burocracia estatal e militar, na Alemanha, defendia para os soldados rasos e recrutas uma "fé do carvoeiro", visando obter obediência automática. Mas, em todo esse processo, é correto atribuir a Lutero as idiossincrasias do idealismo, do antissemitismo e da *Realpolitik* modernos? Cabe ao leitor livre aquilatar esse ponto, seguindo as frases do próprio Lutero.

As análises nietzscheanas apresentam interesse filosófico permanente, porque não envolvem Lutero apenas, mas o problema do cristianismo no seu todo.[18] Tal não é o caso de Lucien Febvre. O Reformador, na visão do biógrafo, "pertence, em todas as coisas, à sua raça e ao seu país. Ele é basicamente um alemão, por seus modos de pensar, sentir, agir". Até aqui, plena concórdia no diagnóstico entre Nietzsche e Febvre. Além disso, ambos anuem: Lutero é plebeu. Trata-se de um "homem sanguíneo, violento, povo até a raiz, e furiosamente voltado, em seu esforço, para ir além das solicitações". Aliás, ele não seria o paradigma do "homem alemão", "se não encontrasse, no fundo de si mesmo, um gosto meio doentio de desvelar taras escondidas, a necessidade, um tanto sensual, de exibi-las nuas em plena luz diurna. Para tudo dizer: uma preocupação obsessiva de procurar, no fundo de um monte de sujeiras, expostas e exibidas sem pudor, uma virgindade nova e o sentimento liberador de uma total justificação". Em definitivo, "Lutero era um pequeno burguês com ideias curtas". Toda a filosofia luterana, apesar de suas proclamações sobre a liberdade de consciência, é uma só lição de obediência ao

---

18  As pesquisas sobre Nietzsche e o cristianismo reúnem extensas bibliotecas. No Brasil, um estudo de primeira grandeza, desse aspecto, vem sendo feito pelo Prof. Osvaldo Giacóia Júnior, do Departamento de Filosofia – Unicamp. Seu belo texto *Labirintos da alma: J. Nietzsche e autossupressão da Moral* (Campinas: Editora da Unicamp, 1997) é uma referência indispensável.

*Da liberdade do cristão*

Estado. Febvre afirma ser falso enunciar que "o luteranismo institucional, com suas fraquezas e taras, tal como ele se efetivou na Alemanha nos séculos XVI e XVII nos seus inícios, sob a tutela de pequenos príncipes mesquinhos e enfatuados, sob o controle mecânico da burocracia, com seus dogmas sabiamente polidos e repolidos [...] traiu o homem de Worms, o autor dos grandes escritos de 1520".[19] Lucien Febvre, o autor de uma obra que ajudou a deturpar profundamente o pensamento renascentista,[20] e cujos textos são assumidos como dogmas por historiadores de nossos dias, atacados pela "*raison paresseuse*" (repetindo Leibniz), não se acanha, quando supostamente analisa *sine ira et studio* o Reformador, de avançar os preconceitos do chauvinismo, palavra e atitude tipicamente francesas.

Mas deixemos os intérpretes para retornar ao próprio Lutero. Sublinhei bastante o peso místico, em "Da liberdade do cristão", para que o leitor atente para um fato: no fim do século XX, a pretensa religiosidade penetra nos corações e mentes, oferecendo segurança social ou econômica para todos os que olvidaram o escândalo que fez surgir as páginas ígneas dos escritos reformadores. Ainda hoje persiste o fetichismo e a compra de "milagres", em santuários ou programas televisivos, sob o comando da superstição. Assistimos a espetáculos deprimentes de simonia e de engodo. Igrejas promovem o "divino dinheiro" como instrumento salvífico, para atingir o céu na terra: o mercado. Cristo tomou um chicote nas mãos e expulsou do templo os vendilhões, os pais do "cristianismo" domi-

---

19  Todas as citações entre aspas encontram-se em Febvre, L. *Martin Luther. Un destin*, 1928 (reedição, Paris: PUF, 1952).

20  *Le probleme de l'incroyance au XVI[E] siècle. La religion de Rabelais*, um dos ataques mais sutis e sinuosos à cultura renascentista que já foram produzidos. No texto sobre Lutero, os reducionismos são mais evidentes do que no livro sobre Rabelais. Mas seu fundamento é o mesmo. Maria Sylvia Carvalho Franco, em livro (inédito) sobre o Renascimento, analisa as teses e as técnicas de análise empregadas por Lucien Febvre, mostrando como ele efetiva uma anamorfose do pensamento nuclear do século XVI.

nado pelo *marketing*. Lutero, em face da persistência de práticas simoníacas, ficaria irado, escrevendo outras teses contra a "prostituta da Babilônia". Hoje, em muitos redutos cristãos, manda a lei de Tetzel: *"Sobald das Geld im Kasten klingt, Die Seele aus dem Fegfeuer springt!"*.[21] Motivo importante para refletir com o Pai da Reforma.[22] Ele, que tão bem soube acolher o Cântico dos Cânticos, na busca de uma Igreja casta e livre, ajuda as pessoas de crença, ou simplesmente honestas, na tarefa de expulsar das consciências o pior malefício, a renúncia à liberdade em nome do econômico, do político, do social, entendidos na sua face mais diabolicamente "realista". Os cristãos, como seu mestre, experimentam essas forças enquanto tentações: *"Haec omnia tibi dabo, si cadens adoraveris me"* (Mateus, 4, 9). Magnífico comentário de Lutero ao grande "não" do Salvador: *"Christus non curat politiam aut oeconomiam, sed rex est ad destruendum Diaboli regnun et ad salvandos homines"*.

Reduzir o cristianismo a um sistema político, ideológico, cultural é arrancar-lhe o infinito. Com isso, perde-se "apenas" a força para ir além do tempo e do espaço. Rompido o casamento celeste, sobram as migalhas de um Eu vazio, sem graça e sem fé. A filosofia especulativa tentou, apenas com o espírito humano, libertar o sujeito das amarras naturais. Por isto, muitos autores comentam: Lutero e

---

21 "Quando a moedinha, no cofre ressoar / a alma do purgatório vai pular!" A Igreja Católica já solicitou o perdão dos reformados, no Concílio Vaticano II. E proclamou um princípio afirmado por Lutero: os católicos que se dedicam à teologia possuem "a justa liberdade de investigação e de pensamento, bem como a justa liberdade de exprimir as suas ideias com humildade e firmeza, nos assuntos de sua competência" (*Gaudium et Spes*, Parte II, Capítulo II). O Pontificado de João Paulo II ameaça fazer destas linhas ... letras mortas. Enquanto isto, o *marketing* da Igreja institucional, e política, continua, mais vivo do que nunca, trazendo escândalo às pessoas retas.

22 Há uma excelente edição brasileira das obras de Lutero, publicada pela Comissão Interluterana de Literatura no Brasil e pela Igreja Evangélica Luterana do Brasil. Cf. *Obras selecionadas de Martinho Lutero*, São Leopoldo: Editora Sinodal, 1987.

## Da liberdade do cristão

Fausto são coetâneos. O segundo agarra-se ao momento (*"Verweile doch! Du bist so schön!"*), chega ao máximo do ser humano finito. O primeiro, abrindo-se ao Eterno, indica uma liberdade sublime, cujo signo é Graça. Sem *Da liberdade do cristão*, ou desprovidos do "Fausto", não seríamos o que somos, entes assediados pela melancolia, mas com os olhos abertos para o Absoluto, sempre esperado, que pode chegar a qualquer instante.

A vida e os escritos de Lutero podem ser resumidos no Apocalipse, livro que lhe garantiu a fé e a certeza da salvação. No final, irrompe o Alfa e Ômega, ocorrem as núpcias do Eterno e do efêmero, chega ao ápice o motivo do Cântico dos Cânticos: "*Et Spiritus, et sponsa dicunt: Veni. Et qui audit, dicat: Veni. Et qui sitit, veniat: et qui vult, accipiat aquam vitae, gratis*" (22, 6-17).[23] *Gratis*: essa palavrinha concentra o ser livre do cristão. Num mundo onde nada é gratuito, e no qual mesmo os cultos têm seu preço, a certeza luterana, que lhe valeu tantos anátemas, eleva o pensamento e a dignidade do ser humano. Não por acaso, o primeiro termo daquelas frases apocalípticas, "Espírito", na tradução de Lutero, vem grafado "*Geist*".[24] Hegel nutriu-se dessa leitura e, com ele, toda a filosofia alemã da modernidade. Quem ousaria negar que ela integra a semântica do termo Absoluto"[25] e de outros conceitos nucleares da *Weltgeschichte*?

*Roberto Romano*

---

23  "O Espírito e a noiva dizem: Vem. Aquele que ouve diga: Vem. Aquele que tem sede, venha, e quem quiser receba de graça a água da vida" (Trad. João Ferreira de Almeida).

24  "*Und der Geist und die Braut sprechen: Komm! Und wer es hört, der spreche: Komm! Und wen dürstet, der komme; und wer da will, der nehme das Wasser des Lebens umsonst.*" Cf. *Lutherbibel erklärt. Die Heilige Schrift in der Übersetzung Martins Luthers.* Stuttgart: Deutsche Bibelgesellschaft, 1987, p.536.

25  Palavra unida a "*absolvere*" libertar, desligar, "*solvere*". Em Fichte, "Eu absoluto" significa ato puro, sem amarras substanciais. Em Hegel, é a consciência que se libertou da natureza, no processo histórico.

# Von der Freiheit eines Christenmenschen
## (1520)

Dem vorsichtigen und weisen Herrn Hieronymo Mühlpfordt, Stadtvogt zu Zwickau, meinem besonderen, günstigen Freund und Patron, entbiete ich, genannt Dr. Martinus Luther Augustiner, meine willigen Dienste und alles Gute.

Vorsichtiger, weiser Herr und günstiger Freund, der würdige Magister Johann Egran, eurer löblichen Stadt Prediger, hat mir hoch gepreiset eure Liebe und Lust, die ihr zu der Heiligen Schrift traget, welche ihr auch emsig bekenne und vor den Menschen zu preisen nicht nachlasset. Derhalben er begehrt, mich mit euch bekannt zu machen, habe ich mich gar leicht willig und fröhlich dazu bereden lassen, denn es mir eine besondere Freude ist, zu hören, wo die göttliche Wahrheit geliebt wird, der leider so viele und die am meisten, die sich ihres Titels aufwerfen, mit aller Gewalt und List widerstreben, wiewohl es also sein muß, daß an Christum, zu einem Ärgernis und Zeichen gesetzt, dem widersprochen werden muß, viele sich stoßen, fallen und auferstehen müssen. Darum habe ich anzuheben unsre Bekanntschaft und Freundschaft, dieses Trakttätel und Sermon euch wollen zuschreiben im Deutschen, welches ich lateinisch dem Papst habe zugeschrieben, damit für jedermann meiner Lehre und Schreiben von dem Papsttum eine nicht verwerfliche, wie ich hoffe, Ursache angezeigt. Befehle ich mich hiermit euch und allesamt der göttlichen Gnade. AMEN. Zu Wittenberg. 1520.

# Da liberdade do cristão
## (1520)

Ao prudente e sábio senhor Jerônimo Mühlpfordt, administrador municipal de Zwickau, meu especial e benevolente amigo e patrono, eu, conhecido como Doutor Martinho Lutero, Agostiniano, apresento meus prestimosos serviços e meus bons votos.

Prudente e sábio senhor e benevolente amigo, o digno mestre Johann Egran, pregador de vossa ilustre cidade, muito me enalteceu o amor e a disposição que dedicais a Sagrada Escritura, a qual também não cessais de professar zelosamente e de enaltecer perante aos homens. Já que ele deseja apresentar-me a vós, deixei-me facilmente persuadir com boa vontade e alegria, pois sinto um prazer especial em saber onde se ama a verdade divina à qual infelizmente muitos, sobretudo aqueles que se vangloriam de seus títulos, opõem-se com toda força e astúcia – mesmo que assim seja que com Cristo, colocado no mundo como escândalo e signo ao qual é preciso se opor, muitos tenham de se defrontar, tombar e ressuscitar. Por isso, a fim de incentivar nossa relação e amizade, quis vos dedicar este pequeno tratado, este sermão em alemão que já dediquei ao Papa em latim indicando a todos um fundamento, que espero seja irrefutável, de minha doutrina e de meu escrito sobre o pontificado. Por meio desta, entrego-me convosco e com todos à graça divina. AMÉM. Wittenberg, 1520.

# *Jesus*

Zum ersten. Daß wir gründlich mögen erkennen, was ein Christenmensch sei und wie es getan sei um die Freiheit, die ihm Christus erworben und gegeben hat, davon St.Paulus viel schreibt, will ich setzen diese zwei Beschlüsse:

*Ein Christenmensch ist ein freier Herr über alle Dinge und niemand untertan.*

*Ein Christenmensch ist ein dienstbarer Knecht aller Dinge und jedermann untertan.*

Diese zwei Beschlüsse sind klar Sankt Paulus l. Cor. 9: "Ich bin frei in allen Dingen, und habe mich eines jedermanns Knecht gemacht." Item Röm. 13: "Ihr sollt niemand etwas verpflichtet sein, denn daß ihr euch untereinander liebt." Liebe aber, die ist dienstbar und untertan dem, das sie lieb hat. Also auch von Christo Gal. 4: "Gott hat seinen Sohn ausgesandt, von einem Weib geboren und dem Gesetz untertan gemacht."

Zum andern. Diese zwei widerständigen Reden der Freiheit und Dienstbarkeit zu vernehmen, sollen wir gedenken, daß ein jeglicher Christenmensch ist zweierlei Natur, geistlicher und leiblicher. Nach der Seele wird er ein geistlicher, neuer, innerlicher Mensch genannt, nach dem Fleisch und Blut wird er ein leiblicher, alter und äußerlicher Mensch genannt. Und um dieses Unterschiedes willen werden von ihm Dinge gesagt in der Schrift, die stracks widereinander sind, wie ich jetzt gesagt habe, von der Freiheit und Dienstbarkeit.

Zum dritten. So nehmen wir vor uns den *inwendigen geistlichen Menschen*, zu sehen, was dazu gehöre, daß er ein frommer, freier Christenmensch sei und heiße. So ist es offenbar, daß kein äußerliches Ding mag ihn frei noch fromm machen, wie es mag immer genannt werden, denn seine Frömmigkeit und Freiheit, wiederum seine Bosheit und Gefängnis, sind nicht leiblich noch äußerlich. Was hilft es der Seele, daß der Leib ungefangen, frisch und gesund ist, ißt, trinkt, lebt, wie er will? Wiederum was schadet

*Da liberdade do cristão*

# Jesus

1 Para conhecermos a fundo o que é um cristão e em que consiste a liberdade que Cristo lhe proporcionou e deu, sobre a qual São Paulo tanto escreve, quero destacar estas duas conclusões:

*Um cristão é um senhor livre de todas as coisas e não submisso a ninguém.*
*Um cristão é um servo obsequioso e submisso a todos.*

Essas duas conclusões aparecem claramente em São Paulo 1. Cor 9 [19]: "Porque sendo livre de tudo, fiz-me servo de todos". Igualmente em Rm 13 [8]: "A ninguém fiqueis devendo coisa alguma, a não ser o amor com que vos ameis uns aos outros". O amor, portanto, é serviçal e submete-se àquele que ama. O mesmo se diz de Cristo em Gl 4 [4]: "Deus enviou seu filho, nascido de uma mulher e submisso à Lei".

2 Para compreender essas duas afirmações contraditórias sobre a liberdade e a servidão, devemos considerar que todo cristão possui uma natureza dupla, espiritual e corporal. Segundo a alma, ele é chamado de homem espiritual, novo e interior; segundo a carne e o sangue, ele é chamado de homem corporal, velho e exterior. E em virtude dessa diferença, há também na Sagrada Escritura afirmações diametralmente contrárias sobre ele, tais como as que acabei de dizer sobre a liberdade e a servidão.

3 Examinando o *homem espiritual e interior* veremos, então, o que é preciso para ser um cristão justo e livre e assim ser chamado. Desse modo evidencia-se que nenhuma coisa exterior, seja qual for o seu nome, pode torná-lo devoto ou livre, pois sua devoção e sua liberdade, e inversamente sua maldade e sua prisão, não são corporais nem externas. De que serve à alma que o corpo seja livre, disposto e sadio, que coma, beba e viva segundo sua vontade? Por outro lado, que dano

*Martinho Lutero*

das der Seele, daß der Leib gefangen, krank und matt ist, hungert, dürstet und leidet, wie er nicht gerne wollte? Dieser Dinge reichet keines bis an die Seele, sie zu befreien oder fangen, fromm oder böse zu machen.

Zum vierten. Also hilft es der Seele nichts, ob der Leib heilige Kleider anlegt, wie der Priester und Geistlichen tun, auch nicht, ob er in den Kirchen und heiligen Stätten sei, auch nicht, ob er mit heiligen Dingen umgehe, auch nicht, ob er leiblich bete, faste, wallfahre und alle guten Werke tue, die durch und in dem Leib geschehen möchten ewiglich. Es muß noch alles etwas anderes sein, was der Seele bringe und gebe Frömmigkeit und Freiheit. Denn alle diese obengenannten Stücke, Werke und Weisen mag auch an sich haben und üben ein böser Mensch, ein Gleisner und Heuchler. Auch durch solch Wesen wird kein anderes Volk als eitel Gleisner. Wiederum schadet es der Seele nichts, ob der Leib unheilige Kleider trägt, an unheiligen Orten ist, ißt, trinkt, wallfahret, betet nicht, und läßt alle die Werke anstehen, die die obengenannten Gleisner tun.

Zum fünften hat die Seele kein ander Ding, weder im Himmel noch auf Erden, darinnen sie lebe, fromm, frei und christlich sei, denn das heilige Evangeli, das Wort Gottes von Christo gepredigt. Wie er selbst sagt Joh. 11: "Ich bin das Leben und Auferstehung, wer da glaubt an mich, der lebt ewiglich." Item 14: "Ich bin der Weg, die Wahrheit und das Leben." Item Matth. 4: "Der Mensch lebt nicht allein von dem Brot, sondern von allen Worten, die da gehen aus dem Mund Gottes." So müssen wir nun gewiß sein, daß die Seele kann alle Dinge entbehren außer dem Wort Gottes, und ohne das Wort Gottes ist ihr mit keinem Ding beholfen. Wo sie aber das Wort hat, so bedarf sie auch keines anderen Dinges mehr, sondern sie hat in dem Wort Genüge, Speise, Freude, Friede, Licht, Kunst, Gerechtigkeit, Wahrheit, Weisheit, Freiheit und alles Gute überschwenglich. Also lesen wir im Psalter, sonderlich im 118. Psalm, daß der Prophet nach nichts mehr schreit denn nach dem Gotteswort. Und in der Schrift die allerhöchste Plage und

*Da liberdade do cristão*

pode causar à alma o corpo prisioneiro, doente e abatido que tem fome, sede e sofre contra a sua vontade? Nada disso atinge a alma, seja para libertá-la ou para escravizá--la, para torná-la justa ou má.

4 Portanto, de nada serve à alma se o corpo se cobre de vestes sagradas como fazem os sacerdotes e religiosos, nem tampouco se ele permanece nas igrejas e lugares sagrados, tampouco se ele lida com coisas sagradas, nem tampouco se corporalmente faz orações, jejua, faz peregrinações e pratica todas as boas ações que eternamente poderiam ocorrer no e através do corpo. Deve ser algo completamente diferente o que traz e concede à alma devoção e liberdade. Pois todos os itens, obras e maneiras supracitados também podem ser adotados e praticados pelo homem mau, hipócrita e fingido. Aliás, de tais criaturas não resulta outro tipo de pessoa, a não ser vaidosos hipócritas. Por outro lado, em nada prejudica à alma se o corpo usar vestimentas profanas e morar, comer, beber e peregrinar em lugares profanos, não rezar, nem executar as obras que os hipócritas supracitados fazem.

5 Nem no céu, nem na terra resta à alma outra coisa a não ser viver e ser devota, livre e cristã, segundo o Sagrado Evangelho, a palavra de Deus pregada por Cristo, como Ele mesmo diz em Jo 11 [25]: "Eu sou a vida e a ressurreição; quem crê em mim viverá eternamente". Igualmente em Jo 14 [6]: "Eu sou o caminho, a verdade e a vida". E em Mt 4 [4]: "Nem só de pão vive o homem, mas de toda palavra que sai da boca de Deus". Assim, passamos a ter certeza de que a alma pode prescindir de todas as coisas, menos da Palavra de Deus, e fora a Palavra de Deus nada mais pode auxiliá-la. Quando, porém, ela possui a Palavra, de nada mais necessitará, pois na Palavra ela encontrará satisfação, alimento, alegria, paz, luz, arte, justiça, verdade, sabedoria, liberdade e todos os bens em abundância. Desse modo, lemos nos Salmos, sobretudo no 118 [=119], que o profeta não clama por mais nada, a não ser pela Palavra de Deus. E na Escritura considera-se o maior dos flagelos e

Gottes Zorn gehalten wird, so er sein Wort von den Menschen nimmt, wiederum keine gröpere Gnade, wo er sein Wort hinsendet, wie Psalm 106 steht: "Er hat sein Wort ausgesandt, damit ist er ihnen geholfen." Und Christus um keines anderen Amts willen, denn zu predigen das Wort Gottes, gekommen ist. Auch alle Apostel, Bischöfe, Priester, und der ganze geistliche Stand allein um des Wortes willen ist berufen und eingesetzt, wiewohl es nun leider anders geht.

Zum sechsten. Fragst du aber: "Welches ist denn das Wort, das solch grope Gnade gibt, und wie soll ich es gebrauchen?" Antwort: Es ist nichts anderes denn die Predigt, von Christo geschehen, wie sie das Evangelium enthält. Welche soll sein, und ist also getan, daß du hörest deinen Gott zu dir reden, wie all dein Leben und Werke nichts seien vor Gott, sondern du müssest mit allem dem, was in dir ist, ewiglich verderben. Welches so du recht glaubst, wie du schuldig bist, so mußt du an dir selber verzweifeln und bekennen, daß wahr sei der Spruch Hoseä: "O Israel, in dir ist nichts denn dein Verderben, allein aber in mir steht deine Hilfe." Daß du aber aus dir und von dir, das ist aus deinem Verderben, kommen mögest, so setzt er dir vor seinen lieben Sohn Jesum Christum, und läpt dir durch sein lebendiges, tröstliches Wort sagen: Du sollst in denselben mit festen Glauben dich ergeben und frisch auf ihn vertrauen. So sollen dir um desselben Glaubens willen alle deine Sünde vergeben, all dein Verderben überwunden sein, und du gerecht, wahrhaftig, in Frieden, fromm und alle Gebote erfüllt sein, von allen Dingen frei sein. Wie St.Paulus sagt Röm. 1: "Ein rechtfertiger Christ lebt nur von seinem Glauben." Und Röm. 10: "Christus ist das Ende und Fülle aller Gebote denen, die an ihn glauben."

Zum siebten. Darum sollte das billig aller Christen einziges Werk und Übung sein, daß sie das Wort und Christum wohl in sich bildeten, solchen Glauben stetig übten und stärkten. Denn kein anderes Werk mag einen Christen machen. Wie Christus Joh. 6 zu den Juden sagt,

*Da liberdade do cristão*

manifestação da ira de Deus quando Ele retira dos homens a sua palavra. Por sua vez, a maior graça de Deus é quando Ele envia a sua palavra, conforme aparece no Salmo 106 [=107, 20]: "Ele enviou a sua Palavra e assim os ajudou". E Cristo não veio com outra missão a não ser pregar a Palavra de Deus. E unicamente por causa da Palavra foram chamados e nomeados também todos os apóstolos, bispos, sacerdotes e o clero em geral, mesmo que hoje infelizmente pareça ser diferente.

6 Mas se tu perguntares: "Que Palavra é essa que concede graça tão grande e como devo usá-la?". Resposta: ela não é outra coisa que o sermão feito por Cristo tal como está contido no Evangelho. Esta deve ser feita, e assim o é, de modo que ouças o seu Deus dizendo-te que toda a tua vida e todas as tuas obras nada valem perante Deus, e que tu acabarias por arruinar-te por toda eternidade com tudo o que existe em ti. Se realmente crês em tua culpa acabarás se desesperando contigo próprio e reconhecendo quão verdadeira é a sentença de Os [13,9]: "Ó Israel, em ti só há perdição, mas somente em mim está teu auxílio". Mas, para que consigas sair de ti mesmo, isto é, da tua perdição, Ele te colocará diante de seu querido filho Jesus Cristo e fá-lo-á dizer-te com sua Palavra viva e consoladora: Entrega-te a ele com fé inquebrantável e confia nele alegremente. Desse modo, pela fé, todos os teus pecados serão perdoados, toda a tua perdição será superada e tu serás justo, verdadeiro, repleto de paz, devoto, cumpridor de todos os mandamentos e livre de todas as coisas. Como São Paulo diz em Rm 1 [17]: "Mas o cristão justo viverá apenas de sua fé". E em Rm 10 [4]: "Cristo é o fim e o cumprimento de todos os mandamentos para aqueles que nele creem".

7 Por essa razão, o correto seria que a única obra e prática de todos os cristãos fosse formar-se em si através da Palavra e através de Cristo, praticando e fortalecendo continuamente essa fé. Já que nenhuma outra obra poderá fazer um cristão. Assim disse Cristo aos judeus em Jo 6 [28-29],

da sie ihn fragten, was sie für Werke tun sollten, daß sie göttliche und christliche Werke täten, sprach er: "Das ist das einzige göttliche Werk, daß ihr glaubt an den, den Gott gesandt hat", welchen Gott der Vater allein auch dazu verordnet hat. Darum ist es gar ein überschwenglicher Reichtum, ein rechter Glaube an Christo, denn er mit sich bringt alle Seligkeit, und abnimmt alle Unseligkeit. Wie Mark. ult.: "Wer da glaubt und getauft ist, der wird selig. Wer nicht glaubt, der wird verdammt." Darum der Prophet Jesaja 10 den Reichtum desselben Glaubens ansah und sprach: "Gott wird eine kurze Summa machen auf Erden, und die kurze Summa wird, wie eine Sintflut, einflößen die Gerechtigkeit", das ist, der Glaube, darin kürzlich aller Gebote Erfüllung steht, wird überflüssig rechtfertigen alle, die ihn haben, daß sie nichts mehr bedürfen, daß sie gerecht und fromm seien. Also sagt St. Paulus Röm. 10: "Daß man von Herzen glaubt, das macht einen gerecht und fromm."

Zum achten. Wie geht es aber zu, daß der Glaube allein mag fromm machen, und ohne alle Werke so überschwenglichen Reichtum geben, so doch so viele Gesetze, Gebote, Werke, Stände und Weisen uns vorgeschrieben sind in der Schrift? Hier ist fleißig zu merken und je mit Ernst zu behalten, daß allein der Glaube ohne alle Werke fromm, frei und selig macht, wie wir hernach mehr hören werden. Und ist zu wissen, daß die ganze heilige Schrift wird in zweierlei Wort geteilt, welche sind Gebote oder Gesetze Gottes und Verheißen oder Zusagung. Die Gebote lehren und schreiben uns vor mancherlei gute Werke, aber damit sind sie noch nicht geschehen. Sie weisen wohl, sie helfen aber nicht, lehren, was man tun soll, geben aber keine Stärke dazu. Darum sind sie nur dazu geordnet, daß der Mensch drinnen sehe sein Unvermögen zu dem Guten und lerne an sich selbst verzweifeln. Und darum heißen sie auch das alte Testament, und gehören alle ins alte Testament. Wie das Gebot: "Du sollst nicht böse Begierde haben" beweist, daß allesamt Sünder sind und kein Mensch vermag zu sein ohne böse Begierde, er tue, was er will. Daraus er lernt an sich

*Da liberdade do cristão*

quando estes o interrogaram a respeito das obras divinas e cristãs que deveriam realizar e ele respondeu: "A única obra divina é que creiais naquele que Ele enviou". Porque ele foi o único que Deus, o Pai, enviou para esse fim. Por isso, a verdadeira fé em Cristo é de uma riqueza exuberante, pois traz consigo toda bem-aventurança e exclui todo infortúnio, conforme está escrito no último capítulo de Mc [16,16]: "Quem crer e for batizado, será bem-aventurado, mas quem não crer será condenado". Por isso, o profeta Is 10 [22], ao ver a riqueza desta mesma fé, disse: "Deus fará sobre a terra uma breve suma e esta breve suma fará transbordar, como um dilúvio, a justiça". Ou seja, a fé que contém resumidamente o cumprimento de todos os mandamentos justificará plenamente todos os que a têm, de modo que de nada mais necessitem para ser justos e devotos. Assim disse São Paulo em Rm 10 [10]: "Visto que se crê com o coração, assim se torna justo e devoto".

8 Mas como é que a fé sozinha pode tornar alguém justo e, sem todas as obras, conceder uma riqueza tão exuberante, uma vez que a Escritura prescreveu tantas leis, mandamentos, obras, hierarquias e maneiras? Nesse caso, é preciso considerar com seriedade e diligência que só a fé, sem todas as obras, torna-nos devotos e bem-aventurados como logo veremos. E é preciso destacar que, em toda Sagrada Escritura, as palavras estão divididas de dois modos: os mandamentos ou leis de Deus e a promessa ou a aceitação. Os mandamentos nos ensinam e prescrevem todo tipo de boas obras, mas não é assim que se efetivam. Eles orientam, mas não ajudam; ensinam o que se deve fazer, mas não dão a força para isso. Consequentemente, eles só foram ordenados para que o homem veja neles a sua incapacidade de fazer o bem e aprenda a desesperar-se consigo mesmo. Por isso, eles são chamados também de Velho Testamento, e pertencem todos ao Velho Testamento. Assim, o mandamento "Não cobiçarás" demonstra que todos somos pecadores e que ninguém é capaz de viver sem cobiçar, faça o que fizer. A partir disso, o homem aprende a

selbst verzagen und anderswo zu suchen Hilfe, daß er ohne böse Begierde sei, also das Gebot erfülle durch einen andern, was er aus sich selbst nicht vermag: also sind auch alle anderen Gebote uns unmöglich.

Zum neunten. Wenn nun der Mensch aus den Geboten sein Unvermögen gelernt und empfunden hat, daß ihm nun Angst wird, wie er dem Gebot genug tue, sintemal das Gebot muß erfüllt sein oder er muß verdammt sein, so ist er recht gedemütigt und zunichte worden in seinen Augen, findet nichts in sich, damit er möge fromm werden. Dann so kommt das andere Wort, die göttliche Verheißung und Zusagung, und spricht: "Willst du alle Gebote erfüllen, deiner bösen Begierde und Sünde los werden, wie die Gebote zwingen und fordern, siehe da, glaub an Christum, in welchem ich dir Zusage alle Gnade, Gerechtigkeit, Frieden und Freiheit, glaubst du, so hast du, glaubst du nicht, so hast du nicht. Denn was dir unmöglich ist mit allen Werken der Gebote, deren viele und doch keines nütze sein müssen, das wird dir leicht und kurz durch den Glauben. Denn ich habe kürzlich in den Glauben gestellt alle Dinge, daß, wer ihn hat, soll alle Dinge haben und selig sein, wer ihn nicht hat, soll nichts haben." Also geben die Zusagungen Gottes, was die Gebote erfordern, und vollbringen, was die Gebote heißen, auf daß es alles Gottes eigen sei, Gebot und Erfüllung, er heißt allein, er erfüllet auch allein. Darum sind die Zusagungen Gottes Wort des Neuen Testaments und gehören auch ins Neue Testament.

Zum zehnten. Nun sind diese und alle Gottesworte heilig, wahrhaftig, gerecht, friedsam, frei und aller Güte voll, darum wer ihnen mit einem rechten Glauben anhängt, dessen Seele wird mit ihm vereinigt, so ganz und gar, daß alle Tugenden des Wortes auch eigen werden der Seele, und also durch den Glauben die Seele von dem Gotteswort heilig, gerecht, wahrhaftig, friedsam, frei und aller Güte voll, ein wahrhaftiges Kind Gottes, wie Johan. 1 sagt: "Er hat ihnen gegeben, daß sie mögen Kinder Gottes werden, alle die an seinem Namen glauben."

*Da liberdade do cristão*

privar-se de si mesmo e a procurar ajuda noutro lugar, a fim de livrar-se da cobiça, cumprindo assim o mandamento por intermédio de um outro, já que ele sozinho não o consegue: portanto, todos os outros mandamentos também nos são impossíveis.

9 Tendo aprendido e reconhecido pelos mandamentos a sua incapacidade, o homem, com medo, irá se perguntar como satisfazer ao mandamento, uma vez que é preciso cumpri-lo, pois senão será condenado; assim, acabará se sentindo humilhado e aniquilado aos seus próprios olhos, e não encontrará em si nada que possa torná-lo devoto. Nesse momento, então, vem a outra palavra, a aceitação e a promessa divina, e diz: "Se desejas cumprir todos os mandamentos e livrar-se da cobiça e do pecado, tal como obrigam e exigem os mandamentos, então crê em Cristo, pois nele te prometo toda a graça, justiça, paz e liberdade. Se crês, já as tem, mas se não crês, então, nada tens. Pois o que te é impossível com as obras dos mandamentos, que são muitas e portanto nada valem, te será fácil e rápido através da fé. Já que sintetizei na fé todas as coisas, de modo que quem a tem, tudo tem e será bem-aventurado; quem não a tem, nada terá". Desse modo, portanto, as promessas de Deus concedem o que os mandamentos exigem e realizam o que eles ordenam, de modo que mandamento e cumprimento pertencem unicamente a Deus, só Ele ordena e só Ele cumpre. É por isso que as promessas de Deus são a Palavra do Novo Testamento e dele fazem parte.

10 Essas e todas as palavras de Deus são sagradas, verdadeiras, justas, pacíficas, livres e plenas de bondade; por isso, aquele que a elas se junta com fé sincera ficará unido a Ele em alma, tanto e tão completamente que todas as virtudes da Palavra tornar-se-ão também próprias da alma; portanto, através da fé, a palavra de Deus torna a alma sagrada, justa, verdadeira, pacífica, livre e plena de bondade, fazendo dela um verdadeiro filho de Deus, conforme diz Jo 1 [12]: "Ele deu o poder de serem feitos filhos de Deus a todos os que creem no seu nome".

*Martinho Lutero*

Hieraus leicht zu merken ist, warum der Glaube so viel vermag, und daß keine guten Werke ihm gleich sein können. Denn kein gutes Werk hängt an dem göttlichen Wort wie der Glaube, kann auch nicht in der Seele sein, sondern allein das Wort und der Glaube regieren in der Seele. Wie das Wort ist, so wird auch die Seele von ihm, gleich als das Eisen wird glutrot wie das Feuer aus der Vereiningung mit dem Feuer. Also sehen wir, daß an dem Glauben ein Christenmensch genug hat, bedarf keines Werks, daß er fromm sei: bedarf er denn keines Werks mehr, so ist er gewißlich entbunden von allen Geboten und Gesetzen: ist er entbunden, so ist er gewißlich frei. Das ist die christliche Freiheit, der einzige Glaube, der da macht, nicht daß wir müßig gehen oder übel tun mögen, sondern daß wir keines Werks bedürfen zur Frömmigkeit und Seligkeit zu erlangen, davon wir mehr hernach sagen wollen.

Zum elften. Weiter ist es mit dem Glauben also getan, daß wer dem andern glaubt, der glaubt ihm darum, daß er ihn für einen frommen, wahrhaftigen Mann achtet, welches die größte Ehre ist, die ein Mensch dem anderen tun kann, als wiederum die größte Schmach ist, so ist er ihn für einen losen, lügenhaftigen, leichtfertigen Mann achtet. Also auch wenn die Seele Gottes Wort fest glaubt, so hält sie ihn für wahrhaftig, fromm und gerecht, damit sie ihm tut die allergrößte Ehre, die sie ihm tun kann, denn da gibt sie ihm recht, da läßt sie ihm recht, da ehret sie seinen Namen und läßt ihn mit sich handeln, wie er will, denn sie zweifelt nicht, er sei fromm, wahrhaftig in allen seinen Worten. Wiederum kann man Gott keine größere Unehre antun, denn ihm nicht glauben, womit die Seele ihn für einen Untüchtigen, Lügenhaftigen, Leichtfertigen hält und, soviel an ihr ist, ihn verleugnet mit solchem Unglauben, und einen Abgott ihres eigenen Sinns im Herzen wider Gott aufrichtet, als wollte sie es besser wissen denn er. Wenn dann Gott sieht, daß ihm die Seele Wahrheit gibt und ihn also ehret durch ihren Glauben, so ehret er sie wiederum, und hält sie auch für fromm

*Da liberdade do cristão*

Disso pode-se compreender facilmente por que a fé pode tanto e por que nenhuma boa obra pode igualar-se a ela. Já que nenhuma boa obra se atém à palavra divina como a fé, nem é capaz de permanecer na alma, mas apenas a Palavra e a fé reinam na alma. Tal a Palavra, tal a alma, à semelhança do ferro que unido ao fogo se torna vermelho incandescente como o fogo. Vemos, então, que a um cristão basta a fé, e ele não necessita de nenhuma obra para ser devoto. Uma vez que se ele não necessita mais de nenhuma obra é porque certamente está desobrigado de todos os mandamentos e todas as leis, e se está desobrigado, ele certamente será livre. Essa é a liberdade cristã: é unicamente a fé, é ela que faz, não que nos tornemos ociosos ou maus, mas que não necessitemos de obra alguma para obtermos a devoção e a bem-aventurança. Adiante falaremos mais sobre isso.

11 A fé é feita de tal modo que quem crê num outro, crê justamente porque considera o outro devoto e verdadeiro. Nisto consiste a maior honra que uma pessoa pode prestar a outra. Por outro lado, o maior ultraje é considerar o outro frívolo, mentiroso e leviano. Portanto, quando acredita firmemente na Palavra de Deus, a alma O considera verdadeiro, devoto e justo, prestando-Lhe as maiores honras de que é capaz, pois assim ela Lhe dá razão, aceita a Sua razão, honra o Seu nome e se entrega a Sua vontade, pois não duvida de que Ele seja devoto e verdadeiro em suas palavras. Por outro lado, a maior desonra que se pode fazer a Deus é não crer Nele; nesse caso, a alma O considera incapaz, mentiroso e leviano e, por mais que esteja nela, nega-O através dessa falta de fé erigindo assim em seu coração um ídolo de seus próprios sentidos contra Deus, como se quisesse saber mais que Ele. Ao ver que a alma reconhece Nele a verdade honrando-O por meio de sua fé, Deus, por sua vez, honra a alma e a considera devota

und wahrhaftig, und sie ist auch fromm und wahrhaftig durch solchen Glauben, denn daß man Gott die Wahrheit und Frömmigkeit gebe, das ist Recht und Wahrheit, und macht recht und wahrhaftig, dieweil es wahr ist und recht, daß Gott die Wahrheit geben werde. Welches die nicht tun, die nicht glauben, und doch sich mit vielen guten Werken treiben und bemühen.

Zum zwölften. Nicht allein gibt der Glaube soviel, daß die Seele dem göttlichen Wort gleich wird aller Gnaden voll, frei und selig, sondern vereinigt auch die Seele mit Christo wie eine Braut mit ihrem Bräutigam. Aus welcher Ehe folget, wie St. Paulus sagt, daß Christus und die Seele ein Leib werden, so werden auch beider Güter, Glück, Unglück und alle Dinge gemein, daß, was Christus hat, das ist eigen der gläubigen Seele, was die Seele hat, wird eigen Christi. So hat Christus alle Güter und Seligkeit, die sind der Seele eigen. So hat die Seele alle Untugend und Sünde auf sich, die werden Christi eigen. Hier erhebt sich nun der fröhliche Wechsel und Streit. Dieweil Christus ist Gott und Mensch, welcher noch nie gesündigt hat, und seine Frömmigkeit unüberwindlich, ewig und allmächtig ist, so er denn der gläubigen Seele Sünde durch ihren Brautring, das ist der Glaube, sich selbst eigen macht und nicht anders tut, denn als hätte er sie getan, so müssen die Sünden in ihm verschlungen und ersäuft werden. Denn seine unüber- windlich Gerechtigkeit ist allen Sünden zu stark, also wird die Seele von allen ihren Sünden, lauterlich durch ihren Malschatz, das ist des Glaubens halber, ledig und frei, und begabt mit der ewigen Gerechtigkeit ihres Bräutigams Christi. Ist nun das nicht eine fröhliche Wirtschaft, da der reiche, edle, fromme Bräutigam Christus das arme, verachtete, böse Hürlein zur Ehe nimmt, und sie entledigt von allen Übel, zieret  mit allen Gütern? So ist es nicht möglich, daß die Sünden sie verdammen, denn sie liegen nun auf Christo und sind in ihm verschlungen, so hat sie so eine reiche Gerechtigkeit in ihrem Bräutigam, daß sie abermals wider alle Sünde bestehen mag, ob sie schon auf ihr lägen. Davon sagt

*Da liberdade do cristão*

e verdadeira; e através da fé, ela também se torna devota e verdadeira, já que reconhece em Deus a verdade e a devoção, isto é, o direito e a verdade, e torna-se direta e verdadeira, porque é verdadeiro e justo que Deus concederá a verdade. Não é assim que agem aqueles que, ao invés de crer, se dedicam e entregam-se a muitas boas obras.

12 A fé não somente faz que a alma se torne livre, cheia de graça e bem-aventurada, semelhante à Palavra divina, mas também une a alma com Cristo, como uma noiva com seu noivo. Desse casamento resulta, como diz São Paulo, que Cristo e a alma formem um só corpo tornando bens comuns a ambos a felicidade e o infortúnio e tudo o mais; que, o que Cristo tem, pertence à alma crente, e o que a alma tem, pertencerá a Cristo. Desse modo, Cristo possui todos os bens e toda a bem-aventurança que pertencerão à alma. Assim, a alma traz consigo todos os vícios e pecados que pertencerão a Cristo. Instaura-se agora uma troca feliz e uma controvérsia. Uma vez que Cristo é Deus e homem que jamais pecou, e sua devoção é insuperável, eterna e onipotente, ao apropriar-se do pecado da alma crente por meio da aliança do casamento, isto é, a fé, ele age como se ele mesmo o tivesse cometido; por conseguinte, os pecados são tragados por ele e nele submergem. Já que a sua justiça insuperável é mais forte que todos os pecados; portanto, a alma fica livre e liberta de todos os seus pecados, simplesmente mediante o seu dote, isto é, em virtude da fé, e munida da justiça eterna de Cristo, seu noivo. Não seria este, então, um lar feliz, já que Cristo, o noivo rico, nobre e devoto, casa-se com uma pobre prostituta, desprezada e má, desembaraçando-a assim de todo o mal e adornando-a com todos os bens? Desse modo, não é mais possível que a alma seja condenada por seus pecados, pois estes também residem em Cristo e foram tragados por ele. Assim, ela possui em seu noivo uma justiça tão rica que será capaz de resistir uma vez mais contra todos os pecados, mesmo que eles estivessem nela. Sobre isso, diz

Paulus 1. Cor. 15: "Gott sei Lob und Dank, der uns hat gegeben eine solche Überwindung in Christo Jesu, in welcher verschlungen ist der Tod mit der Sünde."

Zum dreizehnten. Hier siehst du aber, aus welchem Grund dem Glauben so viel billig zugeschrieben wird, daß er alle Gebote erfüllt, und ohne alle anderen Werke fromm macht. Denn du siehst hier, daß er erfüllt das erste Gebot alleine, da geboten wird: "Du sollst einen Gott ehren." Wenn du nun eitel gute Werke wärest bis auf die Fersen, so wärest du dennoch nicht fromm und gäbest Gott noch keine Ehre, und also erfülltest du das allererste Gebot nicht. Denn Gott mag nicht geehret werden, ihm werde denn Wahrheit und alles Gute zugeschrieben, wie er denn wahrlich ist. Das tun aber keine guten Werke, sondern allein der Glaube des Herzens. Darum ist er allein die Gerechtigkeit des Menschen und aller Gebote Erfüllung. Denn wer das erste Hauptgebot erfüllt, der erfüllt gewißlich und leicht auch alle anderen Gebote. Die Werke aber sind tote Dinge, könnten nicht ehren noch loben Gott, wiewohl sie mögen geschehen und lassen sich tun Gott zu Ehre und Lob, aber wir suchen hier den, der nicht getan wird als die Werke, sondern den Selbsttäter und Werkmeister, der Gott ehret und die Werke tut. Das ist niemand denn der Glaube des Herzens, der ist das Haupt und das Wesen der Frömmigkeit, darum es eine gefährliche und finstere Rede ist, wenn man lehrt, die Gottesgebote mit Werken zu erfüllen, so die Erfüllung vor allen Werken durch den Glauben muß geschehen sein, und die Werke folgen nach der Erfüllung, wie wir hören werden.

Zum vierzehnten. Weiter zu sehen, was wir in Christo haben, und wie ein großes Gut sei ein rechter Glaube, ist zu wissen, daß zuvor und in dem Alten Testament Gott sich auszog und vorbehielt alle erste männliche Geburt von Menschen und von Tieren. Und die erste Geburt war köstlich und hatte zwei große Vorteile vor allen anderen Kindern, nämlich die Herrschaft und Priesterschaft oder Königreich und Priestertum, also daß auf Erden das erstgeborene Knäblein war ein Herr über alle seine Brüder

*Da liberdade do cristão*

Paulo em 1 Cor 15 [57]: "Graças a Deus, que por intermédio de Jesus Cristo nos dá a vitória na qual a morte foi tragada junto com o pecado".

13 Então tu compreenderás a razão pela qual se atribui tanto valor à fé por ela cumprir todos os mandamentos e justificar sem precisar de todas as outras obras. Tu já viste como ela cumpre sozinha o primeiro mandamento, o qual ordena: "Honrarás a um só Deus" Ex [20,3]. Mesmo que te transformasses em boas obras da cabeça aos pés, tu não serias devoto, nem prestarias a Deus honra alguma deixando, portanto, de cumprir o primeiro de todos os mandamentos. Já que não se pode honrar a Deus sem atribuir- Lhe a verdade e todo o bem que Ele verdadeiramente é. Contudo, não são as boas obras que fazem isso, mas unicamente a fé do coração. Por isso, ela é a justiça dos homens e o cumprimento de todos os mandamentos. Porque quem cumpre o primeiro e principal mandamento cumprirá também certa e facilmente todos os outros. As obras, porém, são coisas mortas, não poderiam honrar, nem louvar a Deus, mesmo quando se realizam e são efetuadas em honra e louvor a Deus. Contudo, o que buscamos aqui não é o que é feito, como o são as obras, mas o que se faz por si mesmo, o mestre das obras, que honra a Deus e faz as obras. E isso não é outra coisa que a fé do coração, o princípio e a essência da devoção. Por isso, é perigoso e sinistro o discurso de quem ensina cumprir os mandamentos de Deus com obras, uma vez que o seu cumprimento deve ocorrer pela fé antes de todas as obras, e as obras se seguem ao cumprimento como veremos adiante.

14 Para entender melhor o que possuímos em Cristo, e o grande bem que é uma fé correta, é preciso saber, que antes do Velho Testamento e nele próprio, Deus escolheu e reservou para Si todos os primogênitos masculinos dos homens e dos animais. E a primeira criatura nascida era preciosa e tinha duas grandes vantagens sobre todas as outras: a soberania e o clericalismo, ou o reino e o sacerdócio. Desse modo, o menino primogênito sobre a Terra era senhor de todos os irmãos

und ein Pfaffe oder Papst vor Gott. Durch welche Figur bedeutet ist Jesus Christus, der eigentlich dieselbe erste männliche Geburt ist Gottes des Vaters von der Jungfrau Maria. Darum ist er ein König und Priester, doch geistlich: Denn sein Reich ist nicht irdisch noch in irdischen, sondern in geistlichen Gütern, als da sind Wahrheit, Weisheit, Friede, Freude, Seligkeit usw. Damit aber nicht ausgezogen ist das zeitliche Gut, denn es sind ihm alle Dinge unterworfen in Himmel, Erde und Hölle, wiewohl man ihn nicht sieht, das macht, daß er geistlich, unsichtbar regiert.

Also auch sein Priestertum steht nicht in den äußerlichen Gebärden und Kleidern, wie wir bei den Menschen sehen, sondern es steht im Geist unsichtbar, also, daß er vor Gottes Augen ohne Unterlaß für die Seinen steht und sich selbst opfert und alles tut, was ein frommer Priester tun soll. Er bittet für uns, wie St. Paulus Röm. 8 sagt. So lehrt er uns inwendig im Herzen, welches sind die zwei eigentlichen rechten Ämter eines Priesters. Denn also bitten und lehren auch äußerliche, menschliche, zeitliche Priester.

Zum fünfzehnten. Wie nun Christus die erste Geburt hat mit ihrer Ehre und Würdigkeit, also teilt er sie mit allen seinen Christen, daß sie durch den Glauben müssen auch alle Könige und Priester sein mit Christo, wie St. Petrus sagt 1. Petr. 2: "Ihr seid ein priesterliches Königreich und ein königliches Priestertum." Und das geht also zu, daß ein Christenmensch durch den Glauben so hoch erhoben wird über alle Dinge, daß er aller ein Herr wird geistlich, denn es kann ihm kein Ding schaden zur Seligkeit. Ja, es muß ihm alles untertan sein und helfen zur Seligkeit, wie St. Paulus lehrt Röm. 8: "Alle Dinge müssen helfen den Auserwählten zu ihrem Besten", es sei Leben, Sterben, Sünde, Frömmigkeit, Gutes und Böses, wie man es nennen kann. Item 1. Cor. 3: "Alle Dinge sind euer, es sei das Leben oder der Tod, gegenwärtig oder zukünftig usw." Nicht daß wir aller Dinge leiblich mächtig sind, sie zu besitzen oder zu gebrauchen, wie die Menschen auf Erden,

e um sacerdote ou papa perante Deus. Essa figura refere--se a Jesus Cristo, que na realidade é o primogênito de Deus, do Pai, nascido da Virgem Maria. Por isso, ele é rei e sacerdote, mas no sentido espiritual, pois o seu reino não é terreno, nem consiste de bens terrenos, mas de bens espirituais, tais como a verdade, a sabedoria, a paz, a alegria, a bem-aventurança etc. Contudo, os bens temporais não estão excluídos, pois todas as coisas estão subordinadas a ele, no céu, na terra e no inferno, mesmo sem o vermos, já que Ele reina invisível em espírito. Por conseguinte, o seu sacerdócio não consiste em vestimentas e gestos exteriores como vemos entre os homens, mas reside invisível no espírito. Desse modo, ele intercede sem cessar a favor dos seus perante os olhos de Deus, sacrificando-se e fazendo tudo o que um sacerdote devoto deve fazer. Ele roga por nós, como diz São Paulo em Rm 8 [34]. Assim, ele nos ensina interiormente no coração quais são as duas verdadeiras missões de um sacerdote. Já que os sacerdotes humanos, temporais e exteriores também rogam e ensinam.

15 De posse da primogenitura e de todas as suas honras e dignidade, Cristo divide-a com todos os cristãos para que por meio da fé todos possam ser também reis e sacerdotes com Cristo, tal como diz o apóstolo São Pedro em 1 Pd 2 [9]: "Mas sois vós, o reino sacerdotal e o sacerdócio real". Isso ocorre porque a fé eleva um cristão tão acima de todas as coisas que ele se torna no sentido espiritual senhor sobre todas elas, pois nada pode prejudicá- lo no caminho da bem-aventurança. Mais ainda, tudo se submete a ele contribuindo para a sua bem-aventurança, como ensina São Paulo em Rm 8 [28]: "todas as coisas contribuem para o bem dos eleitos". Seja a vida, a morte, o pecado, a devoção, o bem e o mal, ou como queiram chamá-los. Igualmente em 1 Cor 3 [21]: "Tudo é vosso, seja a vida ou a morte, o presente ou o futuro etc." Não que tenhamos poder corporal sobre todas as coisas a fim de possuí-las ou usá-las, como agem os homens na Terra,

*Martinho Lutero*

denn wir müssen sterben leiblich und mag niemand dem Tod entfliehen, so müssen wir auch anderen Dingen unterliegen, wie wir in Christo und seinen Heiligen sehen. Denn dies ist eine geistliche Herrschaft, die da regiert in der leiblich Unterdrükkung, das ist, ich kann mich ohne alle Dinge bessern nach der Seele, daß auch der Tod und Leiden müssen mir dienen und nützlich sein zur Seligkeit, das ist gar eine hohe heerrliche Würdigkeit und eine recht allmächtige Herrschaft, ein geistliches Königreich, da kein Ding ist so gut, so böse, es muß mir dienen zum Guten, so ich glaube, und bedarf sein doch nicht, sondern mein Glaube ist mir genugsam. Siehe, wie ist das eine köstliche Freiheit und Gewalt der Christen!

Zum sechzehnten. Über das sind wir Priester, das ist noch viel mehr denn König sein, darum, daß das Priestertum uns würdig macht, vor Gott zu treten und für andere zu bitten. Denn vor Gottes Augen zu stehen und bitten, gebührt niemand als den Priestern. Also hat uns Christus erworben, daß wir mögen geistlich füreinander treten und bitten, wie ein Priester für das Volk leiblich tritt und bittet. Wer aber nicht glaubt in Christum, dem dienet kein Ding zum Guten, er ist ein Knecht aller Dinge, muß sich über alle Dinge ärgern. Dazu ist sein Gebet nicht angenehm, kommt auch nicht vor Gottes Augen. Wer kann nun ausdenken die Ehre und Höhe eines Christenmenschen? Durch sein Königreich ist er aller Dinge mächtig, durch sein Priestertum ist er Gottes mächtig, dem Gott tut, was er bittet und will, wie da steht geschrieben im Psalter: "Gott tut den Willen derer, die ihn fürchten, und erhört ihr Gebet", zu welchen Ehren er nur allein durch den Glauben und durch kein Werk kommt. Daraus man klar sieht, wie ein Christenmenschen frei ist von allen Dingen und über alle Dinge, also daß er keiner guten Werke dazu bedarf, daß er fromm und selig sei, sondern der Glaube bringt es ihm alles überflüssig. Und wo er töricht wäre und meinte, durch ein gutes Werk fromm, frei, selig oder Christ zu werden, so verlöre er den Glauben mit allen Dingen, gleich als der Hund, der ein

*Da liberdade do cristão*

pois teremos de morrer corporalmente e ninguém escapará da morte. Portanto, temos de nos submeter a muitas outras coisas, tal como o vemos em Cristo e em seus santos. Trata-se aqui de uma soberania espiritual reinando na opressão corporal, isto é, sem mais nada, posso aperfeiçoar minha alma de modo que a morte e o sofrimento também terão de me servir e ser úteis para a minha bem-aventurança. Que dignidade elevada e magnífica! Que soberania verdadeiramente onipotente, um reinado espiritual no qual nada é tão bom, nem tão mal que não acabe me servindo para o Bem, pois se tenho fé, de nada mais necessito, minha fé me basta. Veja o quanto são preciosos a liberdade e o poder dos cristãos!

16 Além disso, somos sacerdotes; isto é muito mais que ser rei porque o sacerdócio nos torna dignos de aparecer diante de Deus e rogar pelos outros. Porque a ninguém compete ficar diante dos olhos de Deus e rogar, a não ser aos sacerdotes. Portanto, Cristo nos concedeu a capacidade de interceder e rogar espiritualmente pelos outros, do mesmo modo que um sacerdote intercede e roga corporalmente por seu povo. Contudo, quem não crê em Cristo, nada lhe serve para o bem; ele se torna um servo de todas as coisas e tudo o aborrecerá. Além disso, sua oração não agradará, nem chegará aos olhos de Deus. Quem seria capaz de imaginar a honra e a grandeza de um cristão? Através de seu reinado, ele domina todas as coisas; através de seu sacerdócio, ele domina Deus, pois Deus faz o que ele roga e quer, conforme lemos no Salmo [145, 19]: "Deus fará a vontade dos que o temem e ouvirá a sua prece". Esta honra só é concedida pela fé e não pelas obras. Por isso fica evidente que um cristão é livre de todas as coisas e está acima delas; portanto, não necessita de boas obras para ser devoto e bem-aventurado, pois a fé lhe dará tudo em abundância. E se ele fosse tão insensato a ponto de achar que se tornará devoto, livre, bem-aventurado ou cristão por meio das boas obras, ele perderia a fé e tudo o mais, tal como o cão que, tendo um

Stück Fleisch im Mund trug und nach dem Schemen im Wasser schnappte, damit er Fleisch und Schemen verlor.

Zum siebzehnten. Fragst du: "Was ist denn für einen Unterschied zwischen den Priestern und Laien in der Christenheit, so sie alle Priester sind?" Antwort: Es ist dem Wörtlein "Priester", "Pfaffe", "Geistliche" und desgleichen Unrecht geschehen, daß sie vom gemeinen Haufen sind gezogen auf den kleinen Haufen, den man jetzt nennt geistlichen Stand. Die heilige Schrift gibt keinen anderen Unterschied, denn daß sie die Gelehrten oder Geweihten nennt *ministros, servos, oeconomos*, das ist, Diener, Knechte, Schaffner, die da sollen den andern Christum, Glauben und christliche Freiheit predigen. Denn ob wir alle gleich Priester sind, so könnten wir doch nicht alle dienen oder schaffen und predigen. Also sagt St. Paulus 1. Cor. 4: "Wir wollen nichts mehr von den Leuten gehalten sein, denn Christus Diener und Schaffner des Evangeli." Aber nun ist aus der Schaffnerei worden eine solche weltliche, äußerliche, prächtige, furchtsame Herrschaft und Gewalt, daß ihr die recht weltliche Macht keineswegs mag gleichen, gerade als wären die Laien etwas anders als Christenleute, damit hingenommen ist der ganze Verstand christlicher Gnade, Freiheit, Glaubens und alles, was wir von Christo haben, und Christus selbst, haben dafür überkommen viele Menschengesetze und -werke, sind ganz Knechte geworden der alleruntüchtigsten Leute auf Erden.

Zum achtzehnten. Aus dem allen lernen wir, daß es nicht genug sei gepredigt, wenn man Christus Leben und Werk obenhin und nur als eine Historie und Chronikengeschichte predigt, geschweige denn, so man seiner ganz schweigt und das geistliche Recht oder andere Menschengesetze und -lehren predigt. Es sind auch viele, die Christum also predigen und lesen, daß sie ein Mitleiden über ihn haben, mit den Juden zürnen oder sonst mehr kindische Weise darinnen üben. Aber er soll und muß also gepredigt sein, daß mir und dir der Glaube daraus erwachse und erhalten werde. Welcher Glaube dadurch erwächst und erhalten wird, wenn mir gesagt wird, warum Christus

*Da liberdade do cristão*

pedaço de carne na boca, quer apanhar a carne refletida na água, e acaba assim perdendo tudo.

17 Tu perguntas: "Que diferença haveria entre os sacerdotes e os leigos na Cristandade, se todos são sacerdotes? A resposta é: as palavras "sacerdote", "cura", "eclesiástico" e outras semelhantes foram injustamente retiradas do meio do povo comum, passando a ser usadas por um pequeno número de pessoas denominadas agora "clero". A Sagrada Escritura distingue apenas entre os doutos e os consagrados chamando-os de *ministri*, *servi*, *oeconomi*, isto é, servidores, servos e administradores, que devem pregar aos outros o Cristo, a fé e a liberdade cristã. Já que, embora sejamos todos igualmente sacerdotes, nem todos podem servir, administrar e pregar. Assim disse São Paulo em 1 Cor 4 [1]: "Que os homens nos considerem servidores de Cristo e administradores do Evangelho". Mas essa administração acabou se transformando num domínio e num poder tão mundano, exterior, faustoso e temível que o verdadeiro poder mundano não pode mais igualar-se a ele, como se leigos e cristãos fossem diferentes; desse modo, extingue-se toda a compreensão da graça, da liberdade e da fé cristãs e tudo o que recebemos de Cristo e o próprio Cristo. Em troca nos foram transmitidas muitas leis e obras humanas, tornando-nos servos completos das pessoas mais incapazes da Terra.

18 Disso tudo deduzimos que não basta pregar sobre a vida e a obra de Cristo como se fosse apenas uma história ou uma crônica histórica, sem falar naqueles que, silenciando inteiramente a respeito dele, pregam o direito canônico ou outras doutrinas e leis humanas. Existem também muitos que, pregando ou lendo Cristo, demonstram compaixão em relação a ele, zangam-se com os judeus ou praticam outras infantilidades. Contudo, convém e é necessário pregá-lo de tal modo que essa pregação faça a fé crescer e permanecer em mim e em ti. Essa fé só cresce e permanece se me disserem por que Cristo

gekommen sei, wie man seiner gebrauchen und genießen soll, was er mir gebracht und gegeben hat: Das geschieht, wo man recht auslegt die christliche Freiheit, die wir von ihm haben, und wie wir Könige und Priester seien, aller Dinge mächtig, und daß alles, was wir tun, vor Gottes Augen angenehm und erhört sei, wie ich bisher gesagt habe. Denn wo ein Herz also Christum hört, muß es fröhlich werden von ganzem Grunde, Trost empfangen, und süß werden gegen Christo, ihn wiederum lieb zu haben. Dahin es nimmermehr mit Gesetzen oder Werken kommen mag, denn wer will einem solchen Herzen Schaden tun oder erschrecken? Fällt die Sünde und der Tod daher, so glaubt es, Christus Frömmigkeit sei sein, und seine Sünden seien nimmer sein, sondern Christi, so muß die Sünde verschwinden vor Christus Frömmigkeit in dem Glauben, wie oben gesagt ist, und lernet, mit dem Apostel dem Tod und Sünde Trotz bieten und sagen: "Wo ist nun, du Tod, dein Sieg? Wo ist nun, Tod, dein Spieß? Dein Spieß ist die Sünde. Aber Gott sei Lob und Dank, der uns hat gegeben den Sieg durch Jesum Christum unsern Herrn. Und der Tod ist ersäuft in seinem Sieg usw."

Zum neunzehnten. Das sei nun genug gesagt von dem innerlichen Menschen, von seiner Freiheit und der Hauptgerechtigkeit, welche keines Gesetzes noch guten Werkes bedarf, ja ihr schädlich ist, so jemand dadurch wollte rechtfertig zu werden sich vermessen. Nun kommen wir auf das *andere Teil*, auf den *äußerlichen* Menschen. Hier wollen wir antworten allen denen, die sich ärgern an den vorigen Reden und pflegen zu sprechen: "Ei, so denn der Glaube alle Dinge ist und gilt allein genugsam, fromm zu machen, warum sind denn die guten Werke geboten? So wollen wir guter Dinge sein und nichts tun." Nein, lieber Mensch, nicht also. Es wäre wohl also, wenn du allein ein innerlicher Mensch wärest, und ganz geistlich und innerlich geworden, welches nicht geschieht bis am Jüngsten Tage. Es ist und bleibt auf Erden nur ein Anheben und Zunehmen, welches wird in jener Welt vollbracht. Daher nennt es der Apostel *primitias*

*Da liberdade do cristão*

veio, de que modo podemos desfrutá-lo e fazer uso dele, e o que ele me trouxe e deu. É o que ocorre quando se interpreta corretamente a liberdade cristã que recebemos dele, e, já que somos reis e sacerdotes com domínio sobre todas as coisas, tudo o que fazemos agrada aos olhos de Deus e é atendido por Ele, como venho afirmando. Porque o coração que ouve a Cristo regozija-se profundamente, recebe consolo e abranda-se em relação a Cristo, tratando-o com amor. A isto, ele não poderia chegar por meio de leis ou obras, pois quem iria prejudicar ou atemorizar um coração assim? Se o pecado e a morte sobrevierem, ele irá crer que a devoção de Cristo é sua e que seus pecados jamais serão seus, mas de Cristo; desse modo, o pecado irá desaparecer diante da devoção de Cristo na fé, como foi dito antes, e o coração aprende com o apóstolo a resistir à morte e ao pecado, e a dizer [1 Cor 15, 55-57]: "Onde está, ó morte, a tua vitória? Onde está, ó morte, o teu aguilhão? Teu aguilhão é o pecado. Mas graças a Deus que nos dá a vitória por intermédio de nosso Senhor Jesus Cristo. Tragada foi a morte em sua vitória etc."

19 Já falamos bastante do homem interior, de sua liberdade e de sua justiça primeira que não necessita de nenhuma lei, nem de nenhuma boa obra; e seria até mesmo prejudicial se alguém se atrevesse assim a justificar-se. Abordemos agora a *outra parte*, o *homem exterior*. Responderemos então a todos aqueles que escandalizados com nossas afirmações anteriores costumam dizer: "Ah, se a fé é tudo e vale por si só para tornar devoto, por que é que as boas obras foram ordenadas? Se for assim, vamos gozar a vida sem fazer nada". Não, meu caro, não é assim. Seria assim se tu fosses apenas um ser espiritual e interior, e tivesses tornado-te inteiramente espiritual e interior, mas tal fato não ocorre antes do Juízo Final. Neste mundo, tudo é e permanece apenas começo e crescimento que será concluído no outro mundo. Por isso, o apóstolo fala de *primitias*

*spiritus*, das sind die ersten Früchte des Geistes, darum gehört hierher, was droben gesagt ist: "Ein Christenmensch ist ein dienstbarer Knecht und jedermann untertan", gleich, wo er frei ist, bedarf er nichts zu tun, wo er Knecht ist, muß er allerlei tun. Wie das zugehe, wollen wir sehen.

Zum zwanzigsten. Obwohl der Mensch inwendig nach der Seele durch den Glauben genugsam rechtfertig ist, und alles hat, was er haben soll, außer daß derselbe Glaube und Genüge muß immer zunehmen bis in jenes Leben, so bleibt er doch noch in diesem leiblichen Leben auf Erden, und muß seinen eigenen Leib regieren und mit Leuten umgehen. Da heben sich nun die Werke an, hier muß er nicht müßig gehen, da muß fürwahr der Leib mit Fasten, Wachen, Arbeiten und mit aller mäßigen Zucht getrieben und geübt sein, daß er dem innerlichen Menschen und dem Glauben gehorsam und gleichförmig werde, nicht hindere noch widerstrebe, wie seine Art ist, wo er nicht gezwungen wird, denn der innerliche Mensch ist mit Gott eins, fröhlich und lustig, um Christus willen, der ihm soviel getan hat, und besteht alle seine Lust darin, daß er wiederum möchte Gott auch umsonst dienen in freier Liebe, so findet er in seinen Fleisch einen widerspenstigen Willen, der will der Welt dienen und suchen, was ihn gelüstet. Das mag der Glaube nicht leiden, und legt sich mit Lust an seine Hals, ihn zu dämpfen und wehren, wie St. Paulus sagt Röm. 7: "Ich habe eine Lust in Gottes Willen nach meinem inneren Menschen, so finde ich einen anderen Willen in meinem Fleisch, der will mich mit Sünden gefangennehmen." Item: "Ich züchtige meinen Leib und treibe ihn zu gehorsam, auf daß ich nicht selbst verwerflich werde, der ich die anderen lehren soll." Item Gal. 5: "Alle die Christum angehören, kreuzigen ihr Fleisch mit seinen bösen Lüsten."

Zum einundzwanzigsten. Aber dieselben Werke müssen nicht geschehen in der Meinung, daß dadurch der Mensch fromm werde vor Gott (denn die falsche Meinung kann der Glaube nicht leiden, der allein ist und sein muß

*Da liberdade do cristão*

*spiritus*, isto é, os primeiros frutos do espírito [Rm 8, 23]; por essa razão cabe aqui o que foi dito antes: "Um cristão é um servo obsequioso e submisso a todos". Onde ele for livre nada precisará fazer; onde for servo, deverá fazer todo tipo de coisa. Vejamos como isso acontece.

20 Mesmo que o homem já esteja interiormente, e no tocante a sua alma, bastante justificado pela fé e tenha tudo que deve ter – sem que essa fé e suficiência tenham de aumentar até a outra vida –, ele continua, contudo, nesta vida física sobre a Terra tendo de governar o seu próprio corpo e conviver com outras pessoas. Aí começam as obras e ele, então, deixando de lado a ociosidade, precisa treinar e exercitar realmente o seu corpo com jejuns, vigílias e trabalho, disciplinando-se com moderação para se tornar obediente e conforme ao homem interior e à fé, sem colocar obstáculos, nem se opor, como é o caso quando não se é obrigado. Já que o homem interior está unido a Deus, feliz e alegre por Cristo que tanto fez por ele, e seu maior prazer consiste em servir desinteressadamente a Deus com um amor voluntário. Desse modo, ele encontra em sua carne uma vontade rebelde que quer servir ao mundo e ir em busca de seu próprio prazer. A fé não suporta tal coisa, e lança-se ao pescoço dele disposta a contê-lo e a protegê-lo, como diz São Paulo em Rm 7 [22-23]: "Segundo o homem interior, tenho prazer na vontade de Deus, mas vejo na minha carne outra vontade que quer me fazer prisioneiro dos pecados." Igualmente [1 Cor 9,27]: "Subjugo o meu corpo e conduzo-o à obediência para que eu não venha reprovar em mim o que ensino aos outros". Igualmente em Gl 5 [24]: "Todos os que pertencem a Cristo crucificam a carne com suas concupiscências".

21 Mas essas obras não devem se realizar supondo que assim o homem se torna devoto diante de Deus (a fé não é capaz de suportar tal opinião falsa, pois ela é e deve ser

*Martinho Lutero*

die Frömmigkeit vor Gott), sondern nur in der Meinung, daß der Leib gehorsam werde und gereinigt von seinen bösen Lüsten, und das Auge nur sehe auf die bösen Lüste, sie auszutreiben. Denn dieweil die Seele durch den Glauben rein ist und Gott liebt, wollte sie gern, daß auch also alle Dinge rein wären, zuvor ihr eigener Leib, und jedermann Gott mit ihr liebte und lobte. So geschieht es, daß der Mensch seines eigenen Leibes halber nicht kann müßig gehen, und muß viele gute Werke drüber üben, daß er ihn zwinge, und daß doch die Werke nicht das recht Gut sind, davon er fromm und gerecht sei vor Gott, sondern tue sie aus freier Liebe umsonst, Gott zu gefallen, nichts darin anderes gesucht noch angesehen, denn daß es Gott also gefällt, um dessentwillen er gerne täte aufs allerbeste. Daraus denn ein jeglicher kann selbst nehmen die Maß und Bescheidenheit, den Leib zu kasteien, denn er fastet, wachet, arbeitet, soviel er sieht dem Leib not sei, seinen Mutwillen zu dämpfen. Die anderen aber, die da meinen, mit Werken fromm zu werden, haben keine acht auf die Kasteiung, sondern sehen nur auf die Werke und meinen, wenn sie derselben nur viele und große tun, so sei es wohl getan und sie fromm würden, zuweilen zu brechen die Köpfe und verderben ihre Leiber drüber, das ist eine große Torheit und Unverstand christlichen Lebens und Glaubens, daß sie ohne Glauben durch Werke fromm und selig werden wollen.

Zum zweiundzwanzigsten. Daß wir dafür etliche Gleichnisse geben, soll man die Werke eines Christenmenschen, der durch seinen Glauben und aus lauterer Gnade Gottes umsonst ist rechtfertig und selig geworden, nicht anders achten, denn wie die Werke Adams und Evas im Paradies gewesen wären. Davon Gen. 2 steht geschrieben, daß Gott den geschaffenen Menschen setzte ins Paradies, daß er dasselbe arbeiten und hüten sollte. Nun war Adam von Gott fromm und wohl geschaffen, ohne Sünde, daß er durch sein Arbeiten und Hüten nicht bedurfte fromm und rechtfertig werden, doch damit er nicht müßig ginge, gab ihm Gott zu schaffen, das Paradies zu pflanzen, bauen und bewahren.

*Da liberdade do cristão*

unicamente a devoção diante de Deus), mas supondo que o corpo se torne obediente e purificado de suas concupiscências, e os olhos vejam apenas as concupiscências a fim de expulsá-las. Porque como a alma se purifica por meio da fé e ama a Deus, ela deseja também que todas as coisas sejam puras, sobretudo o seu próprio corpo, e que todos amem e louvem a Deus juntamente com ela. É por isso que o homem, por causa de seu próprio corpo, não pode sucumbir à ociosidade, tendo de praticar muitas boas obras a fim de subjugá-lo e não deixar que as obras sejam o verdadeiro bem capaz de torná-lo devoto e justo diante de Deus. Ele, porém, deve executá-las desinteressadamente com um amor voluntário para agradar a Deus, buscando e observando apenas o que agrada a Deus, e cumprir a Sua vontade o melhor possível. Desse modo, cada qual pode encontrar a medida e o modo para mortificar o corpo, jejuando, vigiando e trabalhando o quanto considera necessário para reprimir os impulsos de seu corpo. Contudo, aqueles que pretendem se tornar devotos por meio de obras descuidam da mortificação e têm em vista apenas as obras, supondo que, quanto mais numerosas e maiores forem, mais elas contribuirão para nos tornar devotos. Em razão disso, muitas vezes eles quebram a cabeça e estragam o próprio corpo. Portanto, é uma grande tolice e uma compreensão equivocada da fé e da vida cristã pretender tornar-se devoto e bem--aventurado por meio de obras, sem a fé.

22 Fazendo algumas comparações, poderíamos dizer que as obras do cristão, que desinteressadamente é justificado e torna-se bem-aventurado, assemelham-se às que Adão e Eva teriam feito no paraíso. Em Gn 2 [15] está escrito que Deus criou o homem e colocou-o no paraíso para que o lavrasse e o guardasse. Bem, Deus criou Adão devoto, bom e sem pecado, de modo que ele não precisava lavrar e guardar o paraíso para tornar-se devoto e ser justificado. Contudo, para que não sucumbisse à ociosidade, Deus incumbiu-o de semear, cultivar e conservar o paraíso.

Welches wären eitel freie Werke gewesen, um keines Dinges willen getan, denn allein Gott zu gefallen, und nicht um Frömmigkeit zu erlangen, die er zuvor hätte, welche uns auch allen natürlich wäre angeboren gewesen. Also auch eines gläubigen Menschen Werk, welcher durch seinen Glauben ist wiederum ins Paradies gesetzt und von neuem geschaffen, bedarf keiner Werke, fromm zu werden, sondern daß er nicht müßig gehe und seinen Leib arbeite und bewahre, sind ihm solche freie Werke zu tun allein Gott zu gefallen befohlen.

Item gleich wie ein geweihter Bischof, wenn der Kirchen weihet, firmelt, oder sonst seines Amts, Werke übt, so machen ihn dieselben Werke nicht zu einem Bischof. Ja, wenn er nicht zuvor ein Bischof geweihet wäre, so taugte derselben Werke keines und wäre eitel Narrenwelt. Also ein Christ, der, durch den Glauben geweihet, gute Werke tut, wird durch dieselben nicht besser oder mehr geweihet (welches nichts denn des Glaubens Mehrung tut) zu einem Christen. Ja, wenn er nicht zuvor glaubte und ein Christ wäre, so gälten alle seine Werke nichts, sondern wären eitel närrische, sträfliche, verdammliche Sünden.

Zum dreiundzwanzigsten. Darum sind die zwei Sprüche wahr: "Gute fromme Werke machen nimmermehr einen guten frommen Mann, sondern ein guter frommer Mann macht gute fromme Werke, böse Werke machen nimmermehr einen bösen Mann, sondern ein böser Mann macht böse Werke", also, daß allweg die Person zuvor muß gut und fromm sein vor allen guten Werken, und gute Werke folgen und ausgehen von der frommen guten Person. Gleichwie Christus sagt: "Ein böser Baum trägt keine guten Früchte. Ein guter Baum trägt keine bösen Früchte." Nun ist es offenbar, daß die Früchte tragen nicht den Baum, so wachsen auch die Bäume nicht auf den Früchten, sondern wiederum, die Bäume tragen die Früchte, und die Früchte wachsen auf den Bäumen. Wie nun die Bäume müssen ehe sein denn die Früchte, und die Früchte machen de Bäume weder gut noch böse, sondern die Bäume machen die Früchte, also muß der Mensch

*Da liberdade do cristão*

Essas seriam obras meramente voluntárias feitas apenas para agradar a Deus e não para alcançar uma devoção que Ele já possuía e com a qual todos nós naturalmente teríamos nascido. Portanto, isso vale também para as obras de um homem crente que por sua fé é colocado no paraíso e criado de novo; ele não necessita de nenhuma outra obra para tornar-se devoto. Contudo, a fim de que não sucumbisse à ociosidade e trabalhasse e guardasse o seu corpo, foram-lhe ordenadas tais obras voluntárias apenas para agradar a Deus.

Uma outra comparação similar é quando um bispo consagrado abençoa uma igreja, confirma ou pratica qualquer outra obra inerente à sua missão; tais obras não fazem dele um bispo. E mais: se ele já não fosse um bispo consagrado, nenhuma daquelas obras teria valor, não passariam de fanfarronice. Logo, um cristão consagrado pela fé que realiza boas obras não se tornará melhor, nem mais consagrado por meio delas (o que só ocorre pelo aumento da fé). Portanto, se ele já não cresse e não fosse um cristão, suas obras de nada valeriam, não passariam de pecados extravagantes, puníveis e condenáveis.

23 Por conseguinte, estas duas sentenças são verdadeiras: "As obras boas e devotas jamais tornam o homem bom e devoto, mas o homem bom e devoto realiza obras boas e devotas" e "As obras más jamais tornam o homem mau, mas o homem mau realiza obras más". Ou seja, a pessoa deve ser boa e devota antes de realizar todas as boas obras, e estas resultam e emanam da pessoa devota e boa, conforme afirma Cristo [Mt 7,18]: "Não pode a árvore boa dar maus frutos, nem a árvore má dar bons frutos". Está claro então que nem os frutos sustêm a árvore, nem a árvore cresce nos frutos, mas ao contrário: a árvore sustêm os frutos e os frutos crescem na árvore. E a árvore, por sua vez, deve existir antes dos frutos. Estes não tornam a árvore nem boa, nem má; a árvore, porém, faz o fruto bom ou mau. Por conseguinte, a pessoa deve

in der Person zuvor fromm oder böse sein, ehe er gute oder böse Werke tut, und seine Werke machen ihn nicht gut oder böse, sondern er macht gute oder böse Werke. Das gleiche sehen wir in allen Handwerken. Ein gutes oder böses Haus macht keinen guten oder bösen Zimmermann, sondern ein guter oder böser Zimmermann macht ein böses oder gutes Haus, kein Werk macht einen Meister, danach das Werk ist, sondern wie der Meister ist, danach ist sein Werk auch. Also sind die Werke des Menschen auch, wie es mit ihm steht im Glauben oder Unglauben, danach sind seine Werke gut oder böse. Und nicht wiederum, wie seine Werke stehen, danach sei er fromm oder gläubig; die Werke, gleichwie sie nicht gläubig machen, so machen sie auch nicht fromm. Aber der Glaube, gleichwie er fromm macht, so macht er auch gute Werke. So denn die Werke niemand fromm macht, und der Mensch zuvor muß fromm sein, ehe er wirkt, so ist es offenbar, daß allein der Glaube aus lauterer Gnade, durch Christum und sein Wort, die Person genugsam fromm und selig macht. Und daß kein Werk, kein Gebot einem Christen not sei zur Seligkeit, sondern er frei ist von allen Geboten, und aus lauterer Freiheit umsonst tut alles, was er tut, nichts damit gesucht seines Nutzens oder Seligkeit, denn er schon satt und selig ist durch seine Glauben und Gottes Gnade, sondern nur um Gott darinnen zu gefallen.

Zum xxiv. Wiederum dem, der ohne Glauben ist, ist kein gutes Werk förderlich zur Frömmigkeit und Seligkeit. Wiederum kann kein böses Werk ihn böse ! und verdammt machen, sondern der Unglaube, der die Person und den Baum böse macht, der tut böse und verdammt Werke. Darum wenn man fromm oder böse wird, hebt es sich nicht an den Werken an, sondern an dem Glauben, wie der weise Mann sagt: "Anfang aller Sünde ist von Gott weichen und ihm nicht trauen." Also lehrt auch Christus, wie man nicht an den Werken muß anheben, und sagt: "Entweder macht den Baum gut und seine Früchte gut, oder macht den Baum böse und seine Früchte böse", als sollte er sagen: "Wer gute Früchte haben will, muß

*Da liberdade do cristão*

ser justa ou má antes de realizar obras boas ou más, e suas obras não a farão boa ou má, ao contrário, é ela quem faz obras boas ou más. O mesmo veremos em todos os trabalhos manuais. Uma casa bem ou malfeita não torna o carpinteiro bom ou mau, mas um bom ou mau carpinteiro fará uma casa boa ou má; a obra não faz o mestre, a obra será exatamente como é o seu mestre. Portanto, as obras de um homem corresponderão também à sua fé ou falta de fé, de acordo com a qual serão boas ou más. E nunca ao contrário, ou seja, ele não será devoto ou crente em função de suas obras; estas não o tornam crente, tampouco o tornam devoto. Mas é a fé que o torna devoto e o faz realizar boas obras. As obras, portanto, não tornam ninguém devoto, e o homem deve ser devoto antes de realizá-las; assim, fica evidente que somente a fé, por pura graça, por intermédio de Cristo e de sua Palavra, torna a pessoa suficientemente devota e bem-aventurada. E o cristão não necessita de nenhuma obra, nenhum mandamento para alcançar a bem-aventurança; ele é livre de todos os mandamentos e, em pleno uso de sua liberdade, age desinteressadamente sem buscar o seu próprio proveito e bem-aventurança, mas unicamente para agradar a Deus, pois ele já está satisfeito e é bem-aventurado por meio de sua fé e da Graça divina.

24 Por outro lado, quem não tem fé, nenhuma boa obra o fará avançar em direção à devoção e à bem-aventurança. Além disso, nenhuma obra má pode torná-lo mau e condenável, mas é a falta de fé que torna a pessoa e a árvore má, e que realiza obras más e condenáveis. Portanto, se alguém se torna devoto ou mau, não é por causa das obras, mas da fé, como disse o sábio: "O princípio de todo pecado é afastar-se de Deus e não confiar Nele". Cristo também ensina que não devemos começar pelas obras, quando diz [Mt 12, 33]: "Ou fazei a árvore boa e o seu fruto bom, ou fazei a árvore má e o seu fruto mau", como se quisesse dizer: "Quem quiser bons frutos, deve

zuvor an dem Baum anheben und denselben gut setzen." Also wer da will gute Werke tun, muß nicht an den Werken anheben, sondern an der Person, die die Werke tun soll. Die Person aber macht niemand gut, denn allein der Glaube, und niemand macht sie böse, denn allein der Unglaube. Das ist wohl wahr, die Werke machen einen fromm oder böse vor den Menschen, das ist, sie zeigen äußerlich an, wer fromm oder böse sei. Wie Christus sagt Matth. 7: "Aus ihren Früchten sollt ihr sie erkennen." Aber das ist alles im Schein und äußerlich. Welches Ansehen irre macht viele Leute, die da schreiben und lehren, wie man gute Werke tun soll und fromm werden, so sie doch des Glaubens nimmer gedenken, gehen dahin, und führt immer ein Blinder den anderen, martern sich mit vielen Werken und kommen doch nimmer zu der rechten Frömmigkeit, von welcher St. Paulus sagt 2. Tim. 3: "Sie haben einen Schein der Frömmigkeit, aber der Grund ist nicht da, gehen hin und lernen immer und immer, und kommen doch nimmer zur Erkenntnis der wahren Frömmigkeit." Wer nun mit denselben Blinden nicht will irren, muß weiter sehen als in die Werke, Gebote oder Lehren der Werke. Er muß in die Person sehen vor allen Dingen, wie sie fromm werde. Die wird aber nicht durch Gebot und Werk, sondern durch Gottes Wort (das ist, durch seine Verheißung der Gnade) und den Glauben fromm und selig, auf daß bestehe seine göttliche Ehre, daß er uns nicht durch unsere Werke, sondern durch sein gnädiges Wort umsonst und aus lauter Barmherzigkeit selig mache.

Zum xxv. Aus diesem allen ist leicht zu verstehen, wie gute Werke zu verwerfen und nicht zu verwerfen sind, und wie mann alle Lehren verstehen soll, die da gute Werke lehren, denn wo der falsche Anhang und die verkehrte Meinung drin ist, daß durch die Werke wir fromm und selig werden wollen, sind sie schon nicht gut, und ganz verdammlich, denn sie sind nicht frei, und schmähen die Gnade Gottes, die allein durch den Glauben fromm und selig macht, welches die Werke nicht vermögen, und nehmen es sich doch vor zu tun und damit

*Da liberdade do cristão*

começar pela árvore, plantando-a bem". Portanto, quem quiser realizar boas obras, não deve começar por elas, mas pela pessoa que irá realizá-las. Contudo, ninguém torna a pessoa boa, a não ser a fé; e ninguém a tornará má, a não ser a falta de fé. Também é verdade que as obras nos tornam devotos ou maus perante nossos semelhantes, isto é, elas indicam exteriormente quem é devoto ou mau, como diz Cristo em Mt 7 [20]: "Portanto, pelos seus frutos os conhecereis". Mas isso tudo é apenas aparência e exterioridade e induz ao erro muitas pessoas que escrevem e ensinam como se devem fazer as boas obras para assim se tornarem devotas, sem jamais lembrarem-se da fé; elas seguem o seu caminho como cegos guiando cegos, martirizam-se com muitas obras sem atingir jamais a verdadeira devoção. Sobre elas, São Paulo diz em 2 Tm 3 [5-7]: "Tendo aparência da devoção, mas sem fundamento, elas se afastam [...] e estudam sem parar, e nunca conseguem chegar ao conhecimento da verdadeira devoção". Ora, quem não quiser vagar com esses cegos, deve olhar para além das obras, dos mandamentos ou das doutrinas sobre as obras. Antes de mais nada, deve considerar a pessoa e a maneira de ela se tornar devota. Contudo, ela não se tornará devota e bem-aventurada por meio dos mandamentos e das obras, mas sim por meio da Palavra de Deus (isto é, pela promessa da graça) e da fé para que a Glória divina subsista, pois Deus não nos redime em virtude de nossas obras, mas por sua Palavra magnânima, desinteressadamente e por pura misericórdia.

25 Depois disso, pode-se compreender facilmente de que maneira devemos rejeitar ou não as boas obras, e como devemos entender todas as doutrinas que as ensinam. E aquelas que contiverem a disposição equivocada e a opinião falsa de que nos tornaremos devotos e bem-aventurados por meio das boas obras são ruins e absolutamente condenáveis, porque não são livres e ultrajam a graça de Deus, e esta só torna alguém devoto e bem-aventurado por meio da fé, algo impossível para as obras. E quando elas se propõem a isso,

der Gnade in ihr Werk und Ehre greifen. Darum verwerfen wir die guten Werke nicht um ihrer willen, sondern um desselben bösen Zusatzes und falscher verkehrter Meinung willen, welche macht, daß sie nur gut scheinen, und sind doch nicht gut, betrügen sich und jedermann damit, gleichwie die reißenden Wölfe in Schafskleidern. Aber derselbe böse Zusatz und verkehrte Meinung in den Werken ist unüberwindlich, wo der Glaube nicht ist. Er muß sein in demselben Werkheiligen, bis der Glaube kommt und ihn zerstöre, die Natur vermag ihn von sich selbst nicht auszutreiben, ja auch nicht erkennen, sondern sie hält ihn für ein köstliches, seliges Ding, darum werden ihrer auch so viele dadurch verführt. Deshalb, ob es wohl gut ist, von Reuen, Beichten, Genugtun zu schreiben und predigen, so man aber nicht weiter fährte bis zum Glauben, sind es gewiß eitel teuflische, verführerische Lehren. Man muß nicht einerlei allein predigen, sondern alle beiden Worte Gottes. Die Gebote soll man predigen, um die Sünder zu erschrecken und ihre Sünde zu offenbaren, daß sie Reue haben und sich bekehren. Aber da soll es nicht bleiben, man muß das andere Wort, die Zusagung der Gnade, auch predigen, den Glauben zu lehren, ohne welchen die Gebote, Reue und alles andere vergebens geschieht. Es sind wohl noch geblieben Prediger, die die Reue der Sünde und die Gnade predigen, aber sie streichen die Gebote und Zusagungen Gottes nicht heraus, daß man lehre, woher und wie die Reue und Gnade komme. Denn die Reue fließt aus den Geboten, der Glaube aus den Zusagungen Gottes, und also wird der Mensch durch den Glauben göttlicher Worte gerechtfertigt und erhoben, der durch die Furcht vor Gottes Gebote gedemütigt worden und zur Selbsterkenntnis gekommen ist.

Zum XXVI. Das sei von den Werken gesagt im allgemeinen und von denjenigen, die ein Christenmensch gegen seinen eigenen Leib üben soll. Nun wollen wie vonmehr Werken sagen, die er gegen andere Menschen tut. Denn der Mensch lebt nicht allein in seinem Leibe, sondern auch unter anderen Menschen auf Erden. Darum

*Da liberdade do cristão*

atacam a graça em sua obra e em sua honra. Por conseguinte, rejeitamos as boas obras não em si mesmas, mas por causa de seus efeitos ruins e da opinião errônea e equivocada que faz que aparentem ser boas, quando na realidade não o são. Desse modo enganam a todos tal como lobos ferozes em pele de ovelha. Mas, sem a fé, não se pode superar esses efeitos ruins e essa opinião equivocada referente às obras. Elas persistem em todos os santos aferrados às obras até vir a fé e destruí-las. A natureza humana não é capaz de expulsá-las por si mesma, nem de reconhecê-las; ao contrário, ela as considera algo precioso e bem-aventurado, razão pela qual elas têm seduzido a tantos. Por isso, mesmo sendo bom escrever e pregar sobre o arrependimento, a confissão e a satisfação, se não prosseguirmos até a fé, serão com certeza doutrinas meramente diabólicas e sedutoras. Não se deve pregar apenas uma, mas ambas Palavras de Deus. Deve-se pregar os mandamentos para intimidar os pecadores e revelar os seus pecados, levando-os ao arrependimento e à conversão. Mas isso não basta, é preciso pregar também a outra Palavra, a promessa da graça, ensinando a fé sem a qual os mandamentos, o arrependimento e tudo o mais será em vão. Existem ainda pregadores que pregam o arrependimento dos pecados e a graça, mas não destacam os mandamentos e as promessas de Deus, ensinando de onde e como surgem o arrependimento e a graça. Já que o arrependimento advém dos mandamentos, e a fé, das promessas de Deus; portanto, o homem, que por temor aos mandamentos de Deus se tem humilhado, atingindo assim o autoconhecimento, é justificado e elevado pela fé depositada nas palavras divinas.

26  Já dissemos o bastante sobre as obras em geral e sobre aquelas que um cristão deve praticar em relação ao seu próprio corpo. Falaremos agora das obras que ele deve realizar em relação aos seus semelhantes, pois o homem não vive sozinho em seu corpo, mas em meio a outros homens sobre a Terra. Por isso,

kann er nicht ohne Werke sein gegen dieselben, er muß je mit ihnen zu reden und zu schaffen haben, wiewohl ihm derselben Werke keines not ist zur Frömmigkeit und Seligkeit. Darum soll seine Meinung in allen Werken frei und nur dahin gerichtet sein, daß er andern Leuten damit diene und nütze sei, nichts anderes sich vorstelle, denn was den anderen not ist, das heißt denn ein wahrhaftiges Christenleben, und da geht der Glaube mit Lust und Liebe ins Werke, als St. Paulus lehret die Galater. Denn zu den Philippern, da er sie gelehrt hatte, wie sie alle Gnade und Genüge hätten durch ihren Glauben in Christo, lehret er sie weiter und sagt: "Ich vermahne euch alles Trostes, den ihr in Christo habt, und alles Trostes, den ihr habt von unserer Liebe zu euch, und aller Gemeinschaft, die ihr habt mit allen geistlichen frommen Christen, ihr wollt mein Herz erfreuen vollkommen, und das damit, daß ihr hinfort wollet eines Sinnes sein, einer gegen den andern Liebe erzeigen, einer dem andern dienen, und ein jeglicher acht habe nicht auf sich noch auf das Seine, sondern auf den andern, und was demselben not sei." Siehe, da hat Paulus klar ein christliches Leben dahin gestellt, daß alle Werke sollen gerichtet sein, dem Nächsten zugute, dieweil ein jeglicher für sich selbst genug hat an seinem Glauben, und alle anderen Werke und Leben ihm übrig sind, seinem Nächsten damit aus freier Liebe zu dienen. Dazu führt er Christum zu einem Exempel ein und sagt: "Seid also gesinnt, wie ihr es seht in Christo." Welcher, ob er wohl voll göttlicher Form war und für sich selbst genug hatte, und ihm sein Leben, Wirken und Leiden nicht not waren, daß er damit fromm oder selig würde, dennoch hat er sich des alles entäußert und sich gebärdet wie ein Knecht, allerlei getan und gelitten, nichts angesehen denn unser Bestes, und also ob er wohl frei war, doch um unsertwillen ein Knecht geworden.

Zum XXVII. Also soll ein Christenmensch, wie Christus sein Haupt, voll und satt, sich auch begnügen lasse an seinem Glauben, denselben immer mehren, welcher sein Leben, Frömmigkeit und Seligkeit ist, der ihm gibt alles,

*Da liberdade do cristão*

ele não pode existir sem obras em relação a eles; precisa falar e lidar com eles, embora aquelas obras não sejam necessárias para a sua devoção e bem-aventurança. Por essa razão, ao realizar tais obras, ele deve sentir-se livre e pensar apenas em servir e ser útil aos demais, visando unicamente às necessidades dos outros: assim é a verdadeira vida de um cristão; desse modo a fé entra em ação com disposição e amor, como São Paulo ensina aos Gálatas. Aos filipenses ele já havia ensinado que, por meio de sua fé em Cristo, eles teriam toda a graça e satisfação; mais adiante, ele diz [Flip 2,1-4]: "Exorto-vos em nome de todo o consolo que encontreis em Cristo, e de todo o consolo que encontreis em nosso amor por vós, e de toda comunhão que encontreis em meio a todos os cristãos devotos e espirituais; completai a alegria em meu coração para que sintais o mesmo, tendo o mesmo amor pelos semelhantes, servindo-vos uns aos outros, e não atente cada um apenas para o que é seu, mas também para o que é dos outros, e para o que eles necessitam". Ora, São Paulo descreve claramente nessa passagem a vida de um cristão, na qual todas as obras devem visar ao bem do próximo, uma vez que cada qual com sua fé já possui o suficiente, e ainda lhe restam a vida e todas as outras obras para servir ao próximo com amor voluntário. Ele menciona Cristo como exemplo dizendo [Flip 2,5]: "Tende em vós o mesmo sentimento que vedes em Cristo". Já que ele era em forma de Deus e tinha para si o suficiente, prescindindo de sua vida, de sua ação e de sua paixao, tornando-se assim devoto e bem-aventurado; portanto, ele se alienou de tudo e se assumiu como servo, fazendo e sofrendo todo tipo de coisa, visando apenas ao nosso bem; portanto, mesmo sendo livre, ele se fez de servo por amor a nós.

27 Assim também o cristão, tal como Cristo seu líder, deve satisfazer-se plena e inteiramente com sua fé, aumentado-a sempre, pois ela é a sua vida, sua devoção e sua bem-aventurança e dá-lhe tudo

*Martinho Lutero*

was Christus und Gott hat, wie oben gesagt ist, und wie St. Paul Gal. 2 spricht: "Was ich noch in dem Körper lebe, das lebe ich in dem Glauben Christi, Gottes Sohn." Und obwohl er nun ganz frei ist, soll er sich wiederum williglich einen Diener machen, seinem Nächsten zu helfen, mit ihm verfahren und handeln, wie Gott mit ihm durch Christum gehandelt hat, und das alles umsonst, nichts darinnen suchen denn göttliches Wohlgefallen und also denken: "Wohlan, mein Gott hat mir unwürdigem, verdammtem Menschen ohne alle Verdienste, lauterlich umsonst und aus lauterer Barmherzigkeit gegeben, durch und in Christo, vollen Reichtum aller Frömmigkeit und Seligkeit, so daß ich hinfort nichts mehr bedarf, denn glauben, es sei also. Ei, so will ich solchem Vater, der mich mit seinen überschwenglichen Gütern so überschüttet hat, wiederum frei, fröhlich und umsonst tun, was ihm wohlgefällt, und gegen meinen Nächsten auch werden ein Christi, wie Christus mir geworden ist, und nichts mehr tun, denn was ich nur sehe ihm not, nützlich und seliglich sein, dieweil ich doch, durch meinen Glauben, alles Dinges in Christo genug habe." Siehe, also fließt aus dem Glauben die Liebe und Lust zu Gott, und aus der Liebe ein freies, williges, fröhliches Leben, dem Nächsten zu dienen umsonst. Denn gleichwie unser Nächster Not leidet und unseres Übrigen bedarf, also haben wir vor Gott Not gelitten und seiner Gnade bedurft. Darum wie uns Gott hat durch Christum umsonst geholfen, also sollen wir durch den Leib und seine Werke nichts anders, denn dem Nächsten helfen. Also sehen wir, wie ein hohes edles Leben sei um ein christliches Leben, das leider nun in aller Welt nicht allein niederliegt, sondern auch nicht mehr bekannt ist noch gepredigt wird.

Zum XXVIII. Also lesen wir Luk. 2, daß die Jungfrau Maria zur Kirche ging nach den sechs Wochen und ließ sich reinigen nach dem Gesetz wie alle anderen Weiber, so sie doch nicht gleich wie diese unrein war, noch schuldig derselben Reinigung, bedurfte ihrer auch nicht. Aber sie tat es aus freier Liebe, daß sie die anderen Weiber nicht

Da liberdade do cristão

o que é de Cristo e de Deus, como foi dito antes, e como São Paulo diz em Gl 2 [20]: "O que ainda vive em meu corpo, vivo-o na fé de Cristo, o filho de Deus". Mesmo sendo totalmente livre, o cristão deve tornar-se voluntariamente um servidor a fim de ajudar o seu próximo, procedendo e agindo com ele tal como Deus agiu por meio de Cristo, de maneira desinteressada, procurando apenas agradar a Deus e pensando: "Ora, mesmo sendo um homem indigno, condenável e sem quaisquer méritos, Deus me concedeu de maneira puramente desinteressada e por pura misericórdia, por meio de e em Cristo, toda a riqueza da devoção e da bem-aventurança, fazendo que eu não necessite de mais nada a não ser crer. Assim seja. Pois bem, meu Pai me cumulou de bens tão abundantes; em troca, pretendo fazer de maneira livre, alegre e desinteressada tudo para agradá-lo; com relação ao meu próximo, serei um cristão, tal como Cristo foi comigo, fazendo apenas o que seja necessário e útil à sua bem-aventurança, uma vez que, pela minha fé, já possuo todas as coisas em Cristo". Ora, portanto da fé fluem o amor e o prazer em Deus, e do amor flui uma vida livre, animada e feliz, para servir desinteressadamente ao próximo. Porque, assim como o nosso próximo padece necessidades e carece do que nos sobra, nós também padecíamos necessidades diante de Deus e carecíamos de Sua Graça. Por isso, tal como Deus nos ajudou desinteressadamente por meio de Cristo, nós também devemos realmente ajudar ao próximo por meio do corpo e de suas obras. Vemos, portanto, quão elevada e nobre é a vida cristã, que, infelizmente, além de estar decaindo no mundo inteiro, já não é mais tão conhecida nem louvada.

28 Em Lc 2 [22-24] lemos que a Virgem Maria foi à igreja após seis semanas para deixar-se purificar como prescrevia a lei a todas as mulheres, embora ela não fosse tão impura quanto as outras, nem fosse obrigada à tal purificação e tampouco necessitasse disso. Mas ela agiu assim por um ato de amor voluntário, para não desprezar as outras mulheres

verachtete, sondern mit dem Haufen bliebe. Also ließ St. Paul St. Timotheum beschneiden, nicht daß es not wäre, sondern daß er den schwachgläubigen Juden keine Ursache gäbe zu bösen Gedanken, der doch wiederum Titum nicht wollte lassen beschneiden, da man darauf dringen wollte, er müßte beschnitten sein, und wäre not zur Seligkeit. Und Christus Matth. 17, da von seinen Jüngern wurde der Zinspfennig gefordert, disputierte er mit St. Peter, ob nicht Königskinder frei wären, Zins zu geben, und da St. Peter "Ja" sagte, hieß er ihn doch hingehen an das Meer und sprach: "Auf daß wir sie nicht ärgern, so geh hin, den ersten Fisch fängst, den nimm, und in seinem Maul wirst du finden einen Pfennig, den gib für mich und dich." Das ist ein feines Exempel zu dieser Lehre, da Christus sich und die Seinen freie Königskinder nennt, die keines Dings bedürfen, und doch sich unterläßt williglich, dienet und gibt den Zins. Soviel nun das Werk Christo not war und gedient hat zu seiner Frömmigkeit oder Seligkeit, so viel sind alle seine anderen und seiner Christen Werke ihnen not zur Seligkeit, sondern sind alle freie Dienste, zu Willen und Besserung der anderen. Also sollten auch aller Priester, Klöster und Stifte Werke getan sein, daß ein jeglicher seines Standes und Ordens Werk allein darum täte, den anderen zu willfahren und seinen Leib zu regieren, den andern Exempel zu geben, auch also zu tun, die auch bedürfen, ihren Leib zu zwingen, doch allezeit vorsehen, daß nicht dadurch fromm und selig zu werden vorgenommen werde, welches allein des Glaubens Vermögen ist.

Auf diese Weise gebietet auch St. Paul Röm. 13 und Tit. 3, daß sie sollen weltlicher Gewalt untertan und bereit sein, nicht daß sie dadurch fromm werden sollen, sondern daß sie den anderen und der Obrigkeit damit frei dienten, und ihren Willen täten aus Liebe und Freiheit. Wer nun diesen Verstand hätte, der könnte leicht sich richten in die unzähligen Gebote und Gesetze des Papstes, der Bischöfe, der Klöster, der Stifte, der Fürsten und Herren, die etliche tolle Prälaten also treiben, als wären sie not zur Seligkeit, und nennen es Gebote der Kirche, wiewohl Unrecht.

*Da liberdade do cristão*

e permanecer com a maioria. Do mesmo modo, São Paulo fez que São Timóteo fosse circuncidado, não porque fosse necessário, mas para evitar que ele desse aos judeus de pouca fé um pretexto para maus pensamentos; por outro lado, não permitiu que Tito fosse circuncidado apesar de todos insistirem em dizer que a circuncisão seria necessária para a sua bem-aventurança. E Cristo, em virtude do tributo exigido por seus discípulos, discute com São Pedro em Mt 17 [25-27] se os filhos de reis seriam dispensados do tributo; como São Pedro respondeu "sim", Cristo ordenou-lhe que se dirigisse ao mar dizendo: "Para que não os escandalizemos, vai ao mar, retira o primeiro peixe que pescares e, abrindo-lhe a boca, encontrarás uma moeda; toma-a e dá-a por mim e por ti". Que belo exemplo dessa doutrina dá Cristo, que chama a si e aos seus de filhos de reis livres que de nada necessitam, mas ao mesmo tempo submete-se voluntariamente, serve e paga o tributo. Tanto quanto a obra de Cristo era necessária e servia à sua devoção ou bem-aventurança, assim todas as suas outras obras e as de seus cristãos também são necessárias para a sua bem-aventurança, pois são todas serviços voluntários em prol e em benefício dos outros. Portanto, as obras de todos os sacerdotes, conventos e mosteiros também deveriam ser feitas de tal modo que cada um, segundo sua posição e sua ordem, agisse unicamente visando auxiliar aos outros e dominar o próprio corpo, servindo de exemplo àqueles que também necessitam reprimir seu corpo; contudo, é preciso estar atento, para não pretender com isso tornar-se devoto e bem-aventurado, o que só é possível por meio da fé.

Desse modo, São Paulo também ordena em Rm 13 [1] e em Tt 3 [1] aos cristãos a submeterem-se e disporem-se ao poder temporal, não porque assim se tornarão devotos, mas para servirem voluntariamente aos outros e às autoridades fazendo-lhes a vontade com amor e liberdade. Quem entender isso, poderá orientar-se em meio aos inúmeros mandamentos e leis do papa, dos bispos, dos conventos, dos mosteiros, dos príncipes e dos senhores, as quais certos prelados tolos praticam como se fossem necessárias para a bem-aventurança, chamando-as injustamente de mandamentos da Igreja.

*Martinho Lutero*

Denn ein freier Christ spricht also: "Ich will fasten, beten, dies und das tun, was geboten ist, nicht daß ich dessen bedarf oder dadurch wollte fromm oder selig werden, sondern ich will dem Papst, Bischof, der Gemeinde oder meinem Mitbrüder, Herrn zu Willen, Exempel und Dienst tun und leiden, gleichwie mir Christus viele größere Dinge zu Willen getan und gelitten hat, dessen ihm viel weniger not war. Und obschon die Tyrannen unrecht tun, solches zu fordern, so schadet es mir doch nicht, dieweil es nicht wider Gott ist."

Zum XXIX. Hieraus mag ein jeglicher ein gewisses Urteil und Unterschied nehmen unter allen Werken und Geboten, auch, welches blinde, tolle oder rechtsinnige Prälaten seien. Denn welches Werk nicht dahin gerichtet ist, dem andern zu dienen oder seinen Willen zu leiden (sofern er nicht zwingt, wider Gott zu handeln), so ist es kein gutes christliches Werk. Daher kommt es, daß ich besorge, wenige Stiftskirchen, Klöster, Altäre, Messen, Testamente christlich seien, dazu auch die Fasten und Gebete, etlichen Heiligen sonderlich getan. Denn ich fürchte, daß in den allesamt ein jeglicher nur das Seine sucht, vermeinend, damit seine Sünde zu büßen und selig werden, welches alles kommt aus Unwissenheit des Glaubens und christlicher Freiheit. Und etliche blinde Prälaten die Leute dahin treiben und solches Wesen preisen, mit Ablaß schmücken und den Glauben nimmermehr lehren. Ich rate dir aber, willst du etwas stiften, beten, fasten, so tue es nicht in der Meinung, daß du wolltest dir etwas Gutes tun, sondern gib es dahin frei, daß andere Leute desselben genießen mögen, und tue es ihnen zugute, so bist du ein rechter Christ: Was sollen dir deine Güter und guten Werke, die dir übrig sind, deinen Leib zu regieren und versorgen, so du genug hast am Glauben, darin dir Gott alle Dinge gegeben hat? Siehe, also müssen Gottes Güter fließen aus einem in den andern und gemein werden, daß ein jeglicher sich seines Nächsten also annehme, als wäre er es selbst. Aus Christo fließen sie in uns, der sich unser hat angenommen in seinem Leben, als

*Da liberdade do cristão*

Porque um cristão livre diz: "Vou jejuar e orar, farei tudo o que for ordenado, mesmo sem precisar, não porque busco por meio disto tornar-me devoto ou bem-aventurado, mas porque quero sofrer e prestar um serviço, servir de exemplo e fazer as vontades do papa, do bispo, da paróquia ou de meus irmãos na fé e de meu senhor. Do mesmo modo, Cristo sofreu e fez voluntariamente por mim coisas muito maiores, das quais necessitava bem menos que eu. E, embora os tiranos ajam injustamente ao exigirem tais coisas, isso em nada me prejudicará, desde que não vá contra Deus".

29 A partir disso, qualquer um pode julgar e distinguir com exatidão entre todas as obras e mandamentos, como também entre os prelados, os cegos, os insanos e os sensatos. Já que a obra que não visa servir aos outros ou submeter-se à sua vontade (desde que não nos obrigue a agir contra Deus), não é uma boa obra cristã. Por isso, receio que poucos mosteiros, conventos, altares, missas e testamentos sejam realmente cristãos, bem como jejuns e orações feitos especialmente para alguns santos. Porque temo que, com isso, cada qual procure apenas o que lhe diz respeito, pretendendo assim expiar seus pecados e atingir a bem-aventurança; isto tudo advém da ignorância no tocante à fé e à liberdade cristã. E certos prelados cegos induzem as pessoas a tais práticas exaltando-as e adornando-as com indulgências, sem jamais ensinar a fé. Contudo, se quiseres doar algo, orar ou jejuar, aconselho-te a não fazê-lo achando que é para o teu bem, mas aje desinteressadamente para que os outros possam desfrutar disso; faze-o em benefício deles e serás assim um verdadeiro cristão. De que servem os bens e as boas obras que te restam para manter e dominar seu corpo, se já tens o suficiente pela fé, por meio da qual Deus te deu todas as coisas? Ora, os bens de Deus devem, portanto, passar de uns para os outros e tornarem-se comuns, de modo que cada qual cuide de seu próximo como de si mesmo. Eles fluem para dentro de nós vindos de Cristo, que cuidou de nossa vida como

wäre er das gewesen, was wir sind. Aus uns sollen sie fließen in die, die ihrer bedürfen auch so gar, daß ich muß auch meinen Glauben und Gerechtigkeit für meinen Nächsten setzen vor Gott, seine Sünden zu decken, auf mich nehmen und nicht anders tun, denn als wären sie mein eigen, eben wie Christus uns allen getan hat. Siehe, das ist die Natur der Liebe, wo sie wahrhaftig ist. Da ist sie aber wahrhaftig, wo der Glaube wahrhaftig ist. Darum gibt der heilige Apostel der Liebe zu eigen 1. Cor. 13, daß sie nicht sucht das Ihre, sondern was des Nächsten ist.

Zum XXX. Aus dem allen folgt der Beschluß, daß ein Christenmensch lebt nicht in sich selbst, sondern in Christo und seinem Nächsten, in Christo durch den Glauben, im Nächsten durch die Liebe: Durch den Glauben fährt er über sich in Gott, aus Gott fährt er wieder unter sich durch die Liebe, und bleibt doch immer in Gott und göttlicher Liebe, gleichwie Christus sagt Joh. 1: "Ihr werdet noch sehen den Himmel offen stehen, und die Engel auf- und absteigen über den Sohn des Menschen." Siehe, das ist die rechte, geistliche, christliche Freiheit, die das Herz frei macht von allen Sünden, Gesetzen und Geboten, welche alle andere Freiheit übertrifft wie der Himmel die Erde. Welche gebe uns Gott recht zu verstehen und behalten, AMEN.

*Da liberdade do cristão*

se fora a dele própria. De nós, eles devem fluir para aqueles que necessitam, de modo a fazer-me colocar a minha fé e a minha justiça a favor do meu próximo diante de Deus, a fim de cobrir seus pecados e assumi-los agindo como se fossem meus, tal como Cristo agiu conosco. Ora, é essa a natureza do amor quando ele é verdadeiro. Mas ele só é verdadeiro quando a fé é verdadeira. Por isso, o santo apóstolo afirma em 1 Cor 13 [5] ser próprio do amor não buscar o seu bem, mas o do próximo.

30 De tudo isso conclui-se que um cristão não vive em si mesmo, mas em Cristo e em seu próximo; em Cristo por meio da fé, e no próximo por meio do amor; por meio da fé, ele ascende para Deus; de Deus, ele desce novamente por meio do amor, mas permanece sempre em Deus e no amor divino, conforme Cristo diz em Jo 1 [51]: "Doravante vereis o céu aberto e os anjos subirem e descerem sobre o filho do homem". Ora, é essa a verdadeira liberdade espiritual cristã que liberta o coração de todos os pecados, leis e mandamentos e que supera qualquer outra liberdade, tal como o Céu supera a Terra. Que Deus nos permita compreendê-la e conservá-la, AMÉM.

# Vorrede auf das
## Neue Testament (1522)

Es wäre wohl recht und billig, daß dieses Buch ohne alle Vorrede und fremden Namen ausginge und nur seinen selbst eigenen Namen und Rede führete. Aber dieweil durch manche wilde Deutung und Vorrede der Christen Sinn dahin vertrieben ist, daß man schier nicht mehr weiß, was Evangeli oder Gesetz, Neues oder Altes Testament heiße, fordert die Notdurft, eine Anzeige und Vorrede zu stellen, damit der einfältige Mann aus seinem alten Wahn auf die rechte Bahn geführt und unterrichtet werde, was er in diesem Buch gewarten solle, auf daß er nicht Gebot und Gesetz suche, da er Evangeli und Verheißung Gottes suchen sollte.

Darum ist aufs erste zu wissen, daß abzutun ist der Wahn, daß vier Evangelia und nur vier Evangelisten sind, und ganz zu verwerfen, daß etliche des Neuen Testaments Bücher teilen in *legales, historiales, prophetales* und *sapientales*, vermeinen damit (weiß nicht wie) das Neue dem Alten Testament zu vergleichen. Sondern festiglich zu halten, daß gleichwie das Alte Testament ist ein Buch, darinnen Gottes Gesetz und Gebot, daneben die Geschichten beide derer dieselben gehalten und nicht gehalten haben, geschrieben sind, also ist das Neue Testament ein Buch, darinnen das Evangelion und Gottes Verheißung, daneben auch Geschichten beide derer, die daran glauben und nicht glauben, geschrieben sind. Also daß man gewiß sei, daß nur ein Evangelion sei, gleichwie nur ein Buch des Neuen

# Prefácio ao
# Novo Testamento (1522)

O mais certo e razoável seria que este livro saísse sem qualquer prefácio e nomes alheios, e contivesse apenas o seu próprio nome e seus dizeres. Mas, como há muitas interpretações selvagens e prefácios confundindo a mente dos cristãos, a ponto de quase não sabermos mais o que significa Evangelho ou Lei, Novo ou Velho Testamento, faz-se necessário introduzir uma orientação e um prefácio, para que o homem simples seja conduzido de suas velhas ilusões ao caminho correto e saiba o que deve levar em consideração neste livro. Desse modo, ele não procurará mandamento e Lei lá onde deveria procurar Evangelho e promessa de Deus.

Por isso se deve saber, primeiramente, que é preciso abandonar a ilusão de que existem quatro Evangelhos e apenas quatro evangelistas, e rejeitar inteiramente o que muitos fazem: dividir os livros do Novo Testamento em *legales*, *historiales*, *prophetales* e *sapientales*, pretendendo assim (não sei como) equiparar o Novo Testamento com o Velho. Na verdade, é preciso considerar firmemente que o Velho Testamento é um livro no qual estão escritos a Lei e o Mandamento de Deus, ao lado das histórias daqueles que os cumpriram, bem como daqueles que não os cumpriram. O Novo Testamento, por sua vez, é um livro no qual estão escritos o Evangelho e a promessa de Deus, ao lado das histórias daqueles que creem, bem como daqueles que não creem nisto. Portanto, não deve haver dúvidas de que há apenas um Evangelho, assim como há apenas um livro do Novo

*Martinho Lutero*

Testaments, und nur ein Glaube, und nur ein Gott, der da verheißt.

Denn Evangelion ist ein griechisches Wort und heißt auf Deutsch gute Botschaft, gute Märe, gute neue Zeitung, gutes Geschrei, davon man singt, sagt und fröhlich ist, gleich als da David den großen Goliath überwand, kam ein gutes Geschrei und tröstliche neue Zeitung unter das jüdische Volk, daß ihr greulicher Feind erschlagen, und sie erlöset, zu Freude und Frieden gestellt wären, davon sie sangen und sprangen und fröhlich waren. Also ist dieses Evangelion Gottes und Neues Testament eine gute Märe und Geschrei in alle Welt erschollen durch die Apostel, von einem rechten David, der mit der Sünde, Tod und Teufel gestritten und überwunden habe, und damit alle die, welche in Sünden gefangen, mit dem Tod geplagt, vom Teufel überwältigt gewesen, ohne ihren Verdienst erlöst, rechtfertig, lebendig und selig gemacht hat, und damit zu Frieden gestellt, und Gott wieder heimgebracht, davon sie singen, danken Gott, loben und fröhlich sind ewiglich, so sie das anders fest glauben, und im Glauben beständig bleiben.

Solch Geschrei und tröstliche Märe oder evangelische und göttliche neue Zeitung heißt auch ein neues Testament, darum, daß gleichwie ein Testament ist, wenn ein sterbender Mann sein Gut bescheidet nach seinem Tod den benannten Erben auszuteilen, also hat auch Christus vor seinem Sterben befohlen und beschieden, solches Evangelion nach seinem Tod auszurufen in alle Welt, und damit allen, die da glauben, zu eigen gegeben alles sein Gut, das ist, sein Leben, damit er den Tod verschlungen, seine Gerechtigkeit, damit er die Sünde vertilgt, und seine Seligkeit, damit er die ewige Verdammnis überwunden hat. Nun kann ja der arme Mensch in Sünden, Tod und zur Hölle verstrickt, nichts Tröstlicheres hören denn solche teure liebliche Botschaft von Christo, und muß sein Herz von Grunde lachen und fröhlich darüber werden, wo er glaubt, daß das wahr sei.

Nun hat Gott, solchen Glauben zu stärken, dieses sein Evangelion und Testament vielfältig im Alten Testament durch die Propheten versprochen, wie Paulus sagt Röm. 1:

*Da liberdade do cristão*

Testamento, e apenas uma fé e um único Deus que faz a promessa.

Porque Evangelho é uma palavra grega que significa "boa mensagem", "boa notícia", "boa nova", "bom anúncio", de que se canta, se fala e se alegra, como quando Davi venceu o gigante Golias e o povo judeu recebeu a boa notícia e a novidade consoladora de que o seu terrível inimigo tinha sido morto e eles estavam salvos; na paz e na alegria, eles cantaram, dançaram e se regozijaram. Do mesmo modo, este Evangelho de Deus e Novo Testamento são uma boa nova e um bom anúncio que os apóstolos fizeram ressoar em todo o mundo: a luta do correto Davi superando o pecado, a morte e o diabo; assim ele glorificou, justificou, vivificou e redimiu, sem que o merecessem, a todos aqueles que estavam presos em pecados, atormentados pela morte e subjugados pelo diabo, restituindo-lhes a paz e reconduzindo-os de volta para Deus; por isso, eles cantam, agradecem a Deus, louvam e ficarão eternamente alegres, desde que creiam firmemente e permaneçam na fé.

Esse anúncio e notícia consoladora ou boa nova evangélica e divina também são chamados de Novo Testamento. Já do mesmo modo que um moribundo faz um testamento dispondo como sua propriedade será dividida após a sua morte entre os herdeiros por ele designados, Cristo também ordenou e dispôs, antes de morrer, que o Evangelho fosse proclamado em todo o mundo após a sua morte, dando assim a todos que creem todos os seus bens, isto é, sua vida, com a qual tragou a morte; sua justiça, com a qual eliminou o pecado; sua bem-aventurança, com a qual superou a condenação eterna. Afinal, para o pobre homem enredado em pecados, na morte e a caminho do inferno, nada é mais consolador que ouvir essa preciosa e adorável mensagem de Cristo; no íntimo, seu coração acabará rindo e se alegrando se acreditar que isso é verdadeiro.

Ora, para fortalecer essa fé, Deus prometeu inúmeras vezes por meio dos profetas este seu Evangelho e Testamento no Velho Testamento; Paulo, por exemplo, diz em Rm 1

"Ich bin ausgesondert zu predigen das Evangelion Gottes, welches er zuvor verheißen hat durch seine Propheten in der heiligen Schrift, von seinem Sohn, der ihm geboren ist von dem Samen etc." Und daß wir deren etliche anführen, hat er es am ersten versprochen, da er sagte zu der Schlange Gen. 3: "Ich will Feindschaft legen zwischen dir und einem Weib, zwischen deinem Samen und ihrem Samen, der selbst soll dir dein Haupt zertreten, und du wirst ihm seine Sohle zertreten." Christus ist der Same dieses Weibs, der dem Teufel sein Haupt, das ist, Sünde, Tod, Hölle und alle seine Kraft zertreten hat. Denn ohne diesen Samen kann kein Mensch der Sünde, dem Tod, der Hölle entrinnen.

Item Gen. 22 versprach er es zu Abraham: "In deinem Samen sollen alle Geschlechter auf Erden gesegnet werden." Christus ist der Same Abrahae, spricht Sankt Paulus Gal. 3. Der hat alle Welt gesegnet durchs Evangelion. Denn wo Christus nicht ist, da ist noch der Fluch, der über Abraham und seine Kinder fiel, da er gesündigt hatte, daß sie allzumal der Sünde, des Todes und der Hölle schuldig und eigen sein müssen. Wider den Fluch segnet nun das Evangelion alle Welt damit, daß es ruft öffentlich: Wer an diesen Samen Abrahae glaubt, soll gesegnet, das ist, von Sünde, Tod und Hölle los sein und rechtfertig, lebendig und selig bleiben ewiglich, wie Christus selbst sagt Joh. 11: "Wer an mich glaubt, der wird nimmermehr sterben."

Item so versprach er es David 2. Reg. 17, da er sagte: "Ich will erwecken deinen Samen nach dir, der soll mir ein Haus bauen, und ich will sein Reich festigen ewiglich. Ich will sein Vater sein und er soll mein Sohn sein, etc." Das ist das Reich Christi, davon das Evangelion lautet, ein ewiges Reich, ein Reich des Lebens, der Seligkeit und Gerechtigkeit, darein kommen aus dem Gefängnis der Sünde und Tod alle, die da glauben. Solcher Verheißungen des Evangeli sind viel mehr auch in den anderen Propheten, als Micha 5: "Und du Bethleem, du bist klein unter den Tausenden Juda, aus dir soll mir kommen, der ein Herzog

*Da liberdade do cristão*

[1]: "Fui separado para pregar o Evangelho de Deus, que Ele antes havia prometido por meio de seus profetas nas Sagradas Escrituras, acerca de seu filho que nasceu segundo a carne da descendência etc.". E citando outras passagens, Ele o prometeu primeiramente ao dizer à serpente em Gn 3 [15]: "E porei inimizade entre ti e a mulher, entre o teu descendente e o dela: este te ferirá a cabeça e tu lhe ferirás o calcanhar". Cristo é o descendente dessa mulher que esmagou a cabeça do diabo, isto é, o pecado, a morte, o inferno e toda a sua força. Porque, sem essa descendência, nenhuma pessoa consegue escapar do pecado, da morte e do inferno.

A mesma promessa, ele fez a Abraão em Gn 22 [18]: "E em tua descendência serão benditas todas as nações da Terra". Cristo é a descendência de Abraão, diz São Paulo em Gl 3 [16]. Ele abençoou a todos por meio do Evangelho. Já que lá onde Cristo não está, ainda existe a maldição que caiu sobre Abraão e seus filhos por ele ter pecado, tornando-os assim culpados e pertencentes ao pecado, à morte e ao inferno. Opondo-se à maldição, o Evangelho agora abençoa a todo mundo anunciando publicamente: Quem crê nessa descendência de Abraão, será abençoado, isto é, estará livre do pecado, da morte e do inferno, e ficará eternamente justificado, vivo e bem-aventurado, segundo diz o próprio Cristo em Jo 11 [26]: "Quem crê em mim, jamais morrerá".

A mesma promessa, ele fez a Davi em 2 Rs 17 [= 2 Sm 7, 12-13] dizendo: "Suscitarei para te suceder um teu descendente, nascido de tuas entranhas, e confirmarei a sua realeza. Ele edificará uma casa para o meu nome, e consolidarei o seu reino eternamente. Quero ser seu pai e ele será meu filho etc." Esse é o Reino de Cristo do qual fala o Evangelho: um reino eterno, um reino da vida, da bem-aventurança e da justiça, para o qual virão ao sair da cadeia do pecado e da morte todos os que creem. Há muitas dessas promessas no Evangelho feitas por outros profetas, como Mq 5 [1]: "E tu, Belém, és pequena entre as milhares de Judá, de ti me sairá quem será Senhor

sei meines Volks Israel." Item Hosea 13: "Ich will sie von der Hand des Todes erlösen, vom Tod will ich sie erreten."

So sehen wir nun, daß nicht mehr denn ein Evangelion ist, gleichwie nur ein Christus. Sintemal Evangelion nichts anderes ist noch sein kann denn eine Predigt von Christo, Gottes und Davids Sohn, wahrem Gott und Mensch, der für uns mit seinem Sterben und Auferstehen aller Menschen Sünde, Tod und Hölle überwunden hat, die an ihn glauben, so daß also da Evangeli eine kurze und lange Rede mag sein, und einer kurz, der andere lange beschreiben mag. Der beschreibt es lange, der viele Werke und Worte Christi beschreibt, als die vier Evangelisten tun. Der beschreibt es aber kurz, der nicht von Christus Werken, sondern kürzlich anzeigt, wie er durchs Sterben und Auferstehen Sünde, Tod und Hölle überwunden habe denen, die an ihn glauben, wie Petrus und Paulus.

Darum siehe nun darauf, daß du nicht aus Christo einen Mosen machst, noch aus dem Evangelio ein Gesetz- oder Lehrbuch, wie bisher geschehen ist, und etliche Vorreden auch Sankt Hieronymi sich hören lassen. Denn das Evangeli fordert eigentlich nicht unser Werk, daß wir damit fromm und selig werden, ja es verdammt solche Werke, sondern es fordert nur Glauben an Christo, daß derselbe für uns Sünde, Tod und Hölle überwunden hat, und also uns nicht durch unsere Werke, sondern durch seine eigene Werke, Sterben und Leiden fromm, lebendig und selig macht, daß wir uns seines Sterbens und Überwindens mögen annehmen, als hätten wir es selber getan.

Daß aber Christus im Evangelio, dazu Petrus und Paulus viele Gesetze und Lehren geben, und das Gesetz auslegen, soll man gleich rechnen allen anderen Werken und Wohltaten Christi. Und gleichwie seine Werke und Geschichte wissen ist noch nicht das rechte Evangelion wissen, denn damit weißt du noch nicht, daß er die Sünde, Tod und Teufel überwunden hat, also ist auch das noch nicht das Evangelion wissen, wenn du solche Lehre und Gebot weißt, sondern wenn die Stimme kommt, die da

*Da liberdade do cristão*

do meu povo de Israel". O mesmo diz Os 13 [14]: "Eu os redimirei das mãos da morte, da morte os salvarei".

Vemos então que não há mais que um Evangelho, bem como apenas um Cristo. É que o Evangelho não é nem pode ser outra coisa que uma pregação de Cristo, do filho de Deus e de Davi, do verdadeiro Deus e homem que morreu e ressuscitou por nós superando o pecado, a morte e o inferno de todos que nele creem. Desse modo, o Evangelho pode ser um discurso curto ou longo, e um pode expô-lo forma sucinta e outro de forma longa. Aquele que descreve muitas obras e palavras de Cristo fará uma exposição longa, tal como o fazem os quatro evangelistas. Uma exposição sucinta, porém, faz aquele que não fala das obras de Cristo, mas anuncia sucintamente como, ao morrer e ressuscitar, ele superou o pecado, a morte e o inferno para aqueles que nele creem, como o fazem Pedro e Paulo.

Por isso, cuidado para não fazer de Cristo um Moisés, nem do Evangelho um livro de leis ou de doutrinas como ocorreu até agora, e como dão a entender vários prefácios, entre eles, o de São Jerônimo. Porque, na realidade, o Evangelho não exige de nós obras por meio das quais nos tornaremos devotos e bem-aventurados; ao contrário, ele condena tais obras e exige apenas fé em Cristo, que superou por nós o pecado, a morte e o inferno, tornando-nos assim devotos, vivos e bem-aventurados, não por causa de nossas obras, mas por suas próprias obras, por sua morte e seu sofrimento, a fim de que aceitemos a sua morte e a sua superação como se nós mesmos a tivéssemos realizado.

Como, porém, Cristo no Evangelho e também Pedro e Paulo fornecem muitas leis e doutrinas e interpretam a Lei, deve-se levar em conta também todas as outras obras e benefícios de Cristo. E conhecer suas obras e a sua história não é o mesmo que conhecer o verdadeiro Evangelho, pois ainda assim tu não ficas sabendo que ele superou o pecado, a morte e o inferno. Portanto, também não significa conhecer o Evangelho se tu conheces tal doutrina e mandamento, mas somente quando surge a voz que

*Martinho Lutero*

sagt, Christus sei dein eigen mit Leben, Lehren, Werken, Sterben, Auferstehen und alles, was er ist, hat, tut und vermag.

Also sehen wir auch, daß er nicht dringt, sondern freundlich lockt und spricht: "Selig sind die Armen etc." Und die Apostel gebrauchen des Worts: Ich ermahne, ich flehe, ich bitte. Daß man allenthalben siehet, wie das Evangelion nicht ein Gesetzbuch ist, sondern nur eine Predigt von den Wohltaten Christi, uns erzeiget und zu eigen gegeben, so wir glauben. Moses aber in seinen Büchern treibt, dringt, droht, schlägt und straft greulich, denn er ist ein Gesetzschreiber und -treiber. Daher kommt es auch, daß einem Gläubigen kein Gesetz gegeben ist, wie Sankt Paulus sagt 1. Tim. 1. Darum, daß er durch den Glauben gerecht, lebendig und selig ist. Und ist ihm nicht mehr not, denn daß er solchen Glauben beweise.

Ja wo der Glaube ist, kann er sich nicht halten, er beweist sich, bricht heraus und bekennt und lehrt solches Evangelion vor den Leuten und wagt sein Leben dran. Und alles, was er lebt und tut, das richtet er zu des Nächsten Nutz, ihm zu helfen, nicht allein auch zu solcher Gnade zu kommen, sondern auch mit Leib, Gut und Ehre, wie er sieht, daß ihm Christus getan hat, und folgt also dem Exempel Christi nach. Das meinte auch Christus, da er zur Letzten kein anderes Gebot gab denn die Liebe, daran man erkennen sollte, wer seine Jünger wären und rechtschaffene Gläubige, denn wo die Werke und Liebe nicht herausbricht, da ist der Glaube nicht recht, da haftet das Evangelion noch nicht, und ist Christus nicht recht erkannt. Siehe, nun richte dich also in die Bücher des Neuen Testaments, daß du sie auf diese Weise zu lesen wissest.

*Da liberdade do cristão*

diz: Cristo te pertence com sua vida, sua doutrina, suas obras, sua morte e sua ressurreição e tudo o que ele é, tem, faz e consegue.

Portanto, veremos também que ele não insiste, mas atrai amistosamente e fala: "Bem-aventurados são os pobres" etc. [Mt 5, 3]. E os apóstolos fazem uso da palavra: exorto, suplico, peço. Assim, vemos em toda a parte que o Evangelho não é um livro de leis, mas apenas uma pregação dos benefícios de Cristo a nós apresentada e concedida: assim o cremos. Moisés, porém, em seus livros, instiga, insiste, ameaça, bate e castiga cruelmente, pois escreve e promove a Lei. Razão pela qual nenhuma lei é dada ao crente, como Paulo diz em 1 Tm 1 [9]. É que ele se torna justo, vivo e bem-aventurado por meio da fé. E de nada mais precisa, a não ser demonstrar essa fé.

E mais, onde a fé existir, a pessoa não conseguirá se conter, manifestará, expressará, confessará e ensinará esse Evangelho diante dos outros arriscando assim a sua vida. E tudo o que viver e fizer, ela o dirigirá em benefício do próximo, para te ajudar não apenas a alcançar semelhante graça, mas também no tocante ao corpo, à propriedade e à honra do modo como ela vê que Cristo agiu com ela, seguindo assim o exemplo de Cristo. Isso também é o que Cristo quis dizer, já que afinal ele não deu nenhum outro mandamento senão o amor no qual devemos reconhecer quem seriam os seus discípulos e seus honrados fiéis, pois, onde as obras e o amor não se manifestam, a fé também não é correta, o Evangelho ainda não se consolidou e Cristo não foi devidamente reconhecido. Pois bem, volta-te, portanto, para os livros do Novo Testamento e aprende a lê-los dessa maneira.

*Martinho Lutero*

## Welches die rechten und edelsten Bücher des Neuen Testaments sind

Aus diesem allen kannst du nun recht urteilen unter allen Büchern und Unterschied nehmen, welches die besten sind. Denn nämlich ist Johannis Evangelion und Sankt Paulus Episteln, sonderlich die zu den Römern, und Sankt Peters erste Epistel der rechte Kern und Mark unter allen Büchern, welche auch billig die ersten sein sollten. Und einem jeglichen Christen zu raten wäre, daß er dieselben am ersten und allermeisten lese, und sich durch tägliches Lesen so gemein machte als das tägliche Brot. Denn in diesen findest du nicht viele Werke und Wundertaten Christi beschrieben. Du findest aber gar meisterlich ausgestrichen, wie der Glaube an Christum Sünde, Tod und Hölle überwindet, und das Leben, Gerechtigkeit und Seligkeit gibt, welches die rechte Art ist des Evangeli, wie du gehört hast.

Denn wo ich je der eins mangeln sollte, der Werke oder der Predigt Christi, so wollte ich lieber der Werke denn seiner Predigt mangeln. Denn die Werke hülfen mir nichts, aber seine Worte, die geben das Leben, wie er selbst sagt. Weil nun Johannes gar wenig Werke von Christo, aber gar viel seiner Predigt schreibt, wiederum die anderen drei Evangelisten viel seiner Werke, wenig seiner Worte beschreiben, ist Johannis Evangelion das einzige zarte, rechte Hauptevangelion und den andern drei weit, weit vorzuziehen und höher zu heben. Also auch Sankt Paulus und Petrus Episteln, weit über die drei Evangelia Matthei, Marci und Lucae vorgehen.

Summa, Sankt Johannis Evangeli und seine erste Epistel, Sankt Paulus Epistel, sonderlich die zu den Römern, Galatern, Ephesern, und Sankt Peters erste Epistel, das sind die Bücher, die dir Christum zeigen, und alles lehren, das dir zu wissen not und selig ist, ob du schon kein anderes Buch noch Lehre nimmer sehest noch hörest. Darum ist Sankt Jakobs Epistel eine rechte stroherne Epistel gegen sie, denn sie doch keine evangelische Art an sich hat. Doch davon weiter in anderen Vorreden.

*Da liberdade do cristão*

# Quais os livros bons e os mais nobres do Novo Testamento

A partir disso tudo, tu poderás julgar e distinguir bem quais os melhores dentre todos os livros. É que o Evangelho segundo João e as epístolas de São Paulo, particularmente aquela aos Romanos e a primeira epístola de São Pedro, são o verdadeiro núcleo e a medula dentre todos os livros, e deveriam ser também justamente os primeiros. E seria recomendável que cada cristão os lesse primeiro e com maior frequência, familiarizando-se com eles pela leitura diária como se fossem o pão de cada dia. Porque, neles, tu não encontrarás muitas obras e milagres de Cristo descritos. Mas encontrarás magistralmente destacado como a fé em Cristo supera o pecado, a morte e o inferno, concedendo a vida, a justiça e a bem-aventurança, que é a verdadeira natureza do Evangelho, como tu ouviste anteriormente.

Porque se algum dia eu precisasse renunciar a um deles, às obras ou às pregações de Cristo, eu preferiria renunciar antes às obras que às pregações. Já que as obras de nada me adiantariam. Suas palavras, porém, concedem a vida, como ele próprio diz. Como João descreve bem poucas obras de Cristo, mas muitas de suas pregações, e os outros três evangelistas, por sua vez, muito de suas obras e pouco de suas palavras, o Evangelho segundo João é o único verdadeiro e delicado, sendo de longe preferível e bem superior aos outros três. Também, as epístolas de São Paulo e de São Pedro superam bastante os três Evangelhos de Mateus, Marcos e Lucas.

Em suma: o Evangelho segundo João e sua primeira epístola, as epístolas de São Paulo, sobretudo as dirigidas aos romanos, gálatas e efésios e a primeira epístola de São Pedro, são os livros que te mostram Cristo e ensinam tudo o que tu precisas saber para a tua bem-aventurança, mesmo que jamais ouças e vejas outro livro ou doutrina. Por isso, a epístola de São Tiago é uma epístola bem insípida comparada às demais, pois não é dotada de natureza evangélica. Mas voltaremos a falar disso em outros prefácios.

# Vorrede auf die Epistel Sankt Paulus zu den Römern (1522)

Diese Epistel ist das rechte Hauptstück des Neuen Testaments und das allerlauterste Evangelion. Welche wohl würdig und wert ist, daß sie ein Christenmensch nicht allein von Wort zu Wort auswendig wisse, sondern täglich damit umgehe als mit täglichem Brot der Seele, denn sie nimmer kann zu viel und zu wohl gelesen oder betrachtet werden. Und je mehr sie gehandelt wird, je köstlicher sie wird und besser sie schmeckt. Darum ich auch meinen Dienst dazu tun will, und durch diese Vorrede einen Eingang dazu bereiten, so viel mir Gott verliehen hat, damit sie desto besser von jedermann verstanden werde. Denn sie bisher mit Glossen und mancherlei Geschwätz übel verfinstert ist, die doch an sich selbst ein helles Licht ist, fast genugsam, die ganze Schrift zu erleuchten.

Aufs erste müssen wir der Sprache kundig werden und wissen, was Sankt Paulus meinet durch diese Worte, Gesetz, Sünde, Gnade, Glaube, Gerechtigkeit, Fleisch, Geist und dergleichen, sonst ist kein Lesen nütz daran. Das Wörtlein Gesetz mußt du hier nicht verstehen menschlicher Weise, daß es eine Lehre sei, was für Werke zu tun oder zu lassen sind, wie es mit Menschengesetzen zugehet, da man dem Gesetz mit Werken genug tut, ob das Herz schon nicht da ist. Gott richtet nach des Herzens Grund, darum fordert auch sein Gesetz des Herzens Grund und läßt sich an Werken nicht begnügen, sondern straft vielmehr die Werke ohne Herzens Grund getan als Heuchelei und Lügen. Daher alle Menschen Lügner heißen Psalm.

# Prefácio à Epístola de
# São Paulo aos Romanos (1522)

Essa epístola é a parte verdadeiramente principal do Novo Testamento e o mais puro de todos os Evangelhos. É digna e merecedora de que o cristão não só a saiba de cor, palavra por palavra, mas que se ocupe com ela diariamente como se fosse o pão diário da alma, pois ela jamais poderá ser lida ou considerada em demasia e devidamente bem. E quanto mais é praticada, mais se torna agradável e saborosa. Por isso, quero dar também a minha contribuição por meio de meu prefácio, proporcionado-lhes, com a permissão de Deus, um acesso para que ela seja compreendida o melhor possível por todos. Porque, até agora, ela tem sido lamentavelmente obscurecida com comentários maldosos e todo tipo de falatório, ela que em si mesma é uma luz clara, quase o suficiente para clarear toda a Escritura.

Primeiramente, temos de conhecer a linguagem e saber o que São Paulo quer dizer com estas palavras: lei, pecado, graça, fé, justiça, carne, espírito e coisas semelhantes, caso contrário a leitura de nada adiantará. Neste caso, tu não deves entender a palavrinha "Lei" de maneira humana, como se fosse uma doutrina referente às obras que precisam ser feitas ou não, como ocorre com as leis humanas, quando a lei é cumprida por meio de obras, apesar de o coração não estar presente. Deus julga considerando o fundo do coração; por isso, a Sua Lei exige também o fundo do coração e não se dá por satisfeita com obras, mas pune, ao contrário, aquelas obras que não vêm do fundo do coração, por serem hipocrisia e mentira. Por essa razão, todas as pessoas são chamadas de mentirosas em Sl

115, darum, daß keiner aus Herzens Grund Gottes Gesetz hält noch halten kann, denn jedermann findet bei sich selbst Unlust zum Guten und Lust zum Bösen. Wo nun nicht freie Lust zum Guten, da ist des Herzens Grund nicht am Gesetz Gottes, da ist denn gewißlich auch Sünde und Zorn verdienet bei Gott, obgleich auswendig viel gute Werke und ehrbares Leben scheinen.

Daher schließt St. Paulus im andern Kapitel, daß die Juden alle Sünder sind, und spricht, daß allein die Täter des Gesetzes rechtfertig sind bei Gott. Will damit, daß niemand mit Werken des Gesetzes Täter ist, sondern sagt vielmehr zu ihnen also: Du lehrst, man solle nicht ehebrechen und du brichst die Ehe. Item worinnen du richtest einen anderen, darinnen verdammst du dich selbst, weil du eben das selbst tust, das du richtest. Als sollte er sagen: Du lebst äußerlich fein in des Gesetzes Werken und richtest, die nicht also leben, und weißt jedermann zu lehren, den Splitter siehst du in der anderen Auge, aber des Balkens in deinem Auge wirst du nicht gewahr, denn ob du wohl auswendig das Gesetz mit Werken hälst aus Furcht der Strafe oder Liebe des Lohns, so tust du doch das alles ohne freie Lust und Liebe zum Gesetz, sondern mit Unlust und Zwang, wolltest lieber anders tun, wenn das Gesetz nicht wäre. Daraus denn sich schließt, das du von Herzens Grund dem Gesetz feind bist. Was ist denn, daß du andere lehrst nicht stehlen, so du im Herzen selbst ein Dieb bist, und äußerlich gern wärest, wenn du dürftest? Wiewohl auch das äußerlich Werk die Länge nicht nachbleibt bei solchen Heuchlern. Also lehrst du andere, aber dich selbst nicht, weißt auch selbst nicht, was du lehrst, hast auch das Gesetz noch nie recht verstanden. Ja dazu mehret das Gesetz die Sünde, wie er sagt am 5. Kapitel, darum, daß ihm der Mensch nur feinder wird, je mehr es fordert, des er keines kann.

Darum spricht er am siebten Kapitel, das Gesetz ist geistlich. Was ist das? Wenn das Gesetz leiblich wäre, so geschehe ihm mit Werken genug. Nun es aber geistlich ist, tut ihm niemand genug, es gehe denn von Herzens Grund alles, was du tust. Aber ein solches Herz gibt

*Da liberdade do cristão*

115 [= 116, 11], pois ninguém cumpre, nem consegue cumprir a Lei de Deus do fundo do coração e porque todos encontram dentro de si mesmos a indisposição para o bem e a disposição para o mal. Onde não houver uma livre disposição para o bem, o fundo do coração não estará com a Lei de Deus; ali com certeza também haverá pecado e a merecida ira de Deus, embora exteriormente pareçam existir muitas boas obras e uma vida honrada.

Por essa razão, São Paulo conclui em outro capítulo que os judeus são todos pecadores, e diz que apenas os cumpridores da Lei são justificados perante Deus. Ele quer dizer com isso que ninguém cumpre a Lei com obras, mas, ao contrário, lhes diz o seguinte: tu ensinas que não se deve cometer adultério e és adúltero. Do mesmo modo, aquilo que julgas num outro, tu condenas em ti mesmo porque fazes exatamente aquilo que estás julgando. Como se ele quisesse dizer: exteriormente, tu vives perfeitamente nas obras da Lei e julgas aqueles que não vivem do mesmo modo, e sabes ensinar a todos; tu vê o cisco no olho dos outros, mas não vês a trave diante do teu. Já que mesmo cumprindo ex-teriormente a lei por meio de obras, por temor à punição ou por amor à recompensa, tu fazes isso tudo sem uma livre disposição e sem amor à lei, mas indisposto e coagido, preferindo agir de outro modo se não fosse a Lei. Resulta daí que, no fundo do coração, tu te opões à Lei. O que significa então ensinar aos outros a não roubar se, no coração, tu próprio és um ladrão e exteriormente gostarias de sê-lo se pudesses? Se bem que a obra exterior não dura muito nesses hipócritas. Portanto, tu ensinas aos outros, mas não a ti mesmo; também não sabes o que estás ensinando e jamais entendeste a Lei corretamente. Ora, além disso, a lei aumenta o pecado, segundo ele diz no capítulo 5 [20], já que o ser humano acaba se opondo ainda mais a ela, quanto mais for exigido a fazer o que não é capaz.

Por isso, ele afirma no capítulo 7 [14] que a Lei é espiritual. O que significa isso? Se a Lei fosse carnal, as obras lhe bastariam. Sendo, porém, espiritual, ninguém a satisfaz, a não ser que tudo o que tu faças venha do fundo do coração. Mas ninguém dá um coração assim,

niemand denn Gottes Geist, der macht den Menschen dem Gesetz gleich, daß er Lust zum Gesetz gewinnet von Herzen, und hinfort nicht aus Furcht noch Zwang, sondern aus freien Herzen alles tut. Also ist das Gesetz geistlich, das mit solchem geistlichen Herzen will geliebt und erfüllt sein, und fordert einen solchen Geist. Wo der nicht im Herzen ist, da bleibt Sünde, Unlust, Feindschaft wider das Gesetz, das doch gut, gerecht und heilig ist.

So gewöhne dich nur der Rede, daß viel ein ander Ding ist, des Gesetzes Werk tun und das Gesetz erfüllen. Des Gesetzes Werk ist alles, was der Mensch tut und tun kann am Gesetz, aus seinem freien Willen und eigenen Kräften. Weil aber unter und neben solchen Werken bleibt im Herzen Unlust und Zwang zum Gesetz, sind solche Werke alle verloren und kein nütze. Das meinet Sankt Paulus am 3. Kapitel, da er spricht, durch Gesetzes Werk wird vor Gott kein Mensch rechtfertig. Daher siehst du nun, daß die Schulzänker und Sophisten Verführer sind, wenn sie lehren, mit Werken sich zur Gnade bereiten. Wie kann sich mit Werken zum Guten bereiten, der kein gutes Werk ohne Unlust und Unwillen im Herzen tut? Wie soll das Werk Gott gelüsten, das von unlustigen und widerwilligem Herz gehet?

Aber das Gesetz erfüllen ist, mit Lust und Liebe sein Werk tun und frei ohne des Gesetzes Zwang göttlich und wohl leben, als wäre kein Gesetz oder Strafe. Solche Lust aber freier Liebe gibt der heilige Geist ins Herz, wie er spricht am fünften Kapitel. Der Geist aber wird nicht dem allein in, mit und durch den Glauben an Jesum Christi gegeben, wie er in der Vorrede sagt. So kommt der Glaube nicht, außer alleine durch Gottes Wort oder Evangelion, das Christum predigt, wie er ist Gottes Sohn und Mensch, gestorben und auferstanden um unsertwillen. Wie er am 3., 4. und 10. Kapitel sagt.

Daher kommt, daß allein der Glaube rechtfertig macht und das Gesetz erfüllt, denn er bringt den Geist aus Christus Verdienst, der Geist

*Da liberdade do cristão*

a não ser o Espírito de Deus; é Ele que iguala a pessoa à Lei incutindo-lhe no coração a disposição para a Lei e levando-o a agir doravante não por temor ou coação, mas de coração livre. Portanto, é espiritual a Lei que quer ser amada e cumprida com um tal coração espiritual e que exige semelhante espírito. Quando ele não estiver no coração, neste permanecem o pecado, a indisposição, a hostilidade à Lei que afinal é boa, justa e sagrada.

Portanto, acostuma-te às seguintes palavras: são coisas bem diferentes fazer a obra da Lei e cumprir a Lei. A obra da Lei é tudo o que a pessoa faz e pode fazer no âmbito da Lei, de livre e espontânea vontade e por suas próprias forças. Mas como, sob e ao lado de tais obras, permanece no coração a indisposição e a coação no tocante à Lei, todas essas obras são perdidas e inúteis. É isso que São Paulo quer dizer no capítulo 3 [20] ao afirmar que ninguém será justificado perante Deus pelas obras da Lei. Por isso, tu vês agora que os rivais acadêmicos e os sofistas não passam de sedutores ao ensinarem a preparação para a graça por meio de obras. Como alguém consegue se preparar para o bem por meio de obras, se não faz uma boa obra sem indisposição e má vontade no coração? Como irá agradar a Deus a obra oriunda de um coração indisposto e contrariado?

Cumprir a Lei, contudo, significa realizar a sua obra com disposição e amor, e viver bem, livre e divinamente sem a coação da Lei, como se não houvesse Lei ou castigo. Mas quem dá ao coração essa disposição a um amor desinteressado é o Espírito Santo, conforme ele diz no capítulo 5 [5]. O Espírito, porém, não é dado a não ser em, com e por meio da fé em Jesus Cristo, como ele afirma no prefácio [1, 17]. Desse modo, a fé não aparece, a não ser por meio da palavra de Deus ou do Evangelho que Cristo prega enquanto filho de Deus e homem que morreu e ressuscitou por nós, segundo ele afirma nos capítulos 3 [21-25], 4 [24-25] e 10 [9-17].

Disso decorre que apenas a fé justifica e cumpre a Lei, pois traz o Espírito oriundo do mérito de Cristo; o Espírito,

*Martinho Lutero*

aber macht ein lustiges und freies Herz, wie das Gesetz fordert, so gehen denn die guten Werke aus dem Glauben selber. Das meint er am 3. Kapitel, nachdem er des Gesetzes Werk verworfen hatte, daß es lautet, als wollte er das Gesetz aufheben durch den Glauben. Nein (spricht er), wir richten das Gesetz an durch den Glauben, das ist, wir erfüllen es durch den Glauben.

Sünde heißt in der Schrift nicht allein das äußerliche Werk am Leibe, sondern all das Geschäft, das sich mit regt und bewegt zu dem äußerlichen Werk, nämlich des Herzens Grund mit allen Kräften, also, daß das Wörtlein "tun" soll heißen, wenn der Mensch ganz dahin fällt und fährt in die Sünde. Denn es geschieht auch kein äußerliches Werk der Sünde, der Mensch fahre denn ganz mit Leib und Seele hinan. Und sonderlich sieht die Schrift ins Herz und auf die Wurzel und Hauptquelle aller Sünde, welches ist der Unglaube im Grund des Herzens. Also daß, wie der Glaube allein rechtfertigt, den Geist und Lust bringt zu guten äußerlichen Werken, also sündiget allein der Unglaube und bringt das Fleisch auf und Lust zu bösen äußerlichen Werken, wie Adam und Eva geschah im Paradies Gen. 3.

Daher Christus allein den Unglauben Sünde nennt, da er spricht Joh. 16: Der Geist wird die Welt strafen um die Sünde, daß sie nicht glauben an mich, darum auch, ehe denn gute oder böse Werke geschehen, als die guten oder bösen Früchte, muß zuvor im Herzen da sein Glaube oder Unglaube, als die Wurzel, Saft und Hauptkraft aller Sünde, welches in der Schrift auch darum der Schlange Kopf und alten Drachen Haupt heißt, den des Weibes Samen, Christus, zertreten muß, wie Adam versprochen wurde.

Gnade und Gabe sind des Unterschieds, daß Gnade eigentlich heißt Gottes Huld oder Gunst, die er zu uns trägt bei sich selbst, aus welcher er geneigt wird, Christum, den Geist mit seinen Gaben in uns zu gießen, wie das aus dem fünften Kapitel klar wird, da er spricht, Gnade und Gabe in Christo etc. Ob nun wohl die Gaben und der Geist in uns täglich zunehmen und noch nicht vollkommen sind,

*Da liberdade do cristão*

porém, torna o coração disposto e livre, tal como exige a Lei; portanto, as boas obras advêm da própria fé. É o que ele quer dizer no capítulo 3 [31], depois de ter rejeitado a obra da Lei dando a impressão de querer abolir a Lei por meio da fé. Não (diz ele), nós estabelecemos a Lei por meio da fé, isto é, nós a cumprimos por meio da fé.

Na Escritura, "pecado" significa não somente a obra exterior ao corpo, mas todo movimento e agitação feitos para produzir a obra exterior, ou seja, do fundo do coração com todas as forças; desse modo, essa palavrinha é sinônimo de "fazer", uma vez que assim a pessoa cai e penetra inteiramente no pecado. Já que também não acontece nenhuma obra exterior do pecado sem que a pessoa se entregue inteiramente, de corpo e alma. E a escritura lança o olhar sobretudo para o coração e para a raiz e a fonte principal de todos os pecados, que é a falta de fé no fundo do coração. Portanto, do mesmo modo que apenas a fé justifica e suscita o espírito e a disposição para as boas obras exteriores, é apenas a falta de fé que peca, induz a carne e a dispõe a más obras exteriores, tal como aconteceu a Adão e Eva no paraíso, Gn 3.

Por isso, Cristo não apenas chama a falta de fé de pecado, mas declara em Jo 16 [8-9]: o Espírito castigará o mundo por cometer o pecado de não acreditar em mim. Por isso também, antes que aconteçam obras boas ou más, na qualidade de frutos bons ou maus, é preciso existir no coração fé ou falta de fé, na qualidade de raiz, seiva e força principal de todo pecado, o que também por isso é chamado na Escritura de cabeça da serpente e o velho dragão, os quais a descendência da mulher, Cristo, terá de esmagar, tal como foi prometido a Adão.

Graça e dádiva são diferentes porque graça significa na realidade a benevolência e o favor que Deus traz em si mesmo para nós, levando-O a verter em nós Cristo, o Espírito com suas dádivas, como fica evidente no capítulo 5 [15], em que ele afirma: a graça e a dádiva em Cristo etc. Se as dádivas e o Espírito em nós aumentarem diariamente e ainda assim não se tornarem perfeitos

*Martinho Lutero*

daß also noch böse Lüste und Sünde in uns überbleiben, welche wider den Geist streiten, wie er sagt im 7., Gal. 5 und wie Gen. 3 versprochen ist der Hader zwischen des Weibes Samen und der Schlange Samen, so tut doch die Gnade so viel, daß wir ganz und für voll rechtfertig vor Gott gerechnet werden, denn seine Gnade teilet und stücket sich nicht, wie die Gaben tun, sondern nimmt uns ganz und gar auf in die Huld, um Christus unsers Fürsprechers und Mittlers willen, und darum, daß in uns die Gaben angefangen sind.

Also verstehst du denn das siebte Kapitel, da sich Sankt Paulus noch einen Sünder schilt, und doch im achten spricht, es sei nichts Verdammliches an denen, die in Christo sind, der unvollkommenen Gaben und Geistes halber. Um des ungetöteten Fleisches willen sind wir noch Sünder. Aber weil wir an Christo glauben, und des Geistes Anfang haben, ist uns Gott so günstig und gnädig, daß er solche Sünde nicht achten nocht richten will, sondern nach dem Glauben in Christo mit uns verfahren, bis die Sünde getötet werde.

Glaube ist nicht der menschliche Wahn und Traum, den etliche für Glauben halten, und wenn sie sehen, daß keine Besserung des Lebens noch gute Werke folgen, und doch vom Glauben viel hören und reden könnten, fallen sie in den Irrtum und sprechen, der Glaube sei nicht genug, man müsse Werke tun, soll man fromm und selig werden, das macht, wenn sie das Evangelion hören, so fallen sie daher, und machen sich aus eigenen Kräften einen Gedanken im Herzen, der spricht: Ich glaube, das halten sie denn für einen rechten Glauben, aber wie es ein menschliches Gedicht und Gedanken ist, den des Herzens Grund nimmer erfährt, also tut er auch nichts, und folget keine Besserung hernach.

Aber Glaube ist ein göttliches Werk in uns, das uns wandelt und neu gebiert aus Gott, Joh. 1, und tötet den alten Adam, macht uns ganz andere Menschen von Herzen, Mut, Sinn und allen Kräften und bringet den heiligen Geist mit sich. O es ist ein lebendiges, geschäftiges, tätiges

*Da liberdade do cristão*

por ainda restarem em nós desejos maus e pecados que combatem o Espírito conforme afirma no capítulo 7 [14-23], em Gl 5 [17] e segundo a promessa feita em Gn 3 [15] sobre a disputa entre a descendência da mulher e a da serpente, ainda assim a graça será tanta que perante Deus seremos inteira e plenamente justificados; pois sua graça, diferentemente das dádivas, não se divide, nem se fragmenta, mas nos acolhe por inteiro na benevolência, por causa de Cristo, nosso intercessor e mediador, e porque as dádivas foram iniciadas em nós.

Portanto, tu entenderás o sétimo capítulo no qual São Paulo chama a si mesmo de pecador, para depois dizer no oitavo que nada há de condenável naqueles que estão em Cristo, em função das dádivas imperfeitas e do Espírito. Em virtude da carne ainda não estar morta, somos todos pecadores. Mas, por crermos em Cristo e termos começado no Espírito, Deus nos é tão propício e misericordioso, que não leva em conta, nem julga tal pecado; ao contrário, Ele procede conosco segundo a fé em Cristo, até que o pecado esteja morto.

Fé não é a ilusão e o sonho humanos que muitos tomam por fé; e quando veem que não ocorre nenhuma melhora na vida, nem boas obras, mesmo ouvindo e falando muito da fé, as pessoas caem no erro de dizer que a fé não basta e seria preciso fazer obras caso queiram tornar-se devotas e bem-aventuradas. Isso faz que, ao ouvirem o Evangelho, elas se lancem a produzir por seus próprios meios um pensamento no coração que diz: eu creio. E tomam isso como uma verdadeira fé, mas como isso não passa de um pensamento e de uma criação humana que jamais tocará o fundo do coração, elas então nada fazem e consequentemente nenhuma melhora acontece.

Mas a fé é uma obra divina em nós que nos modifica e nos faz renascer de Deus, Jo 1 [12], e mata o velho Adão tornando-nos pessoas diferentes de coração, temperamento, mentalidade e todas as forças, além de trazer consigo o Espírito Santo. Há algo vivo, ativo, atuante

mächtiges Ding um den Glauben, daß unmöglich ist, daß er nicht ohne Unterlaß sollte Gutes wirken. Er fragt auch nicht, ob gute Werke zu tun sind, sondern ehe man fragt, hat er sie getan, und ist immer im Tun. Wer aber nicht solche Werke tut, der ist ein glaubloser Mensch, tappt und sieht um sich nach dem Glauben und guten Werken, und weiß weder was Glaube oder gute Werke sind, und wäscht und schwätzt doch viel Worte von Glauben und guten Werken.

Glaube ist eine lebendige, kühne Zuversicht auf Gottes Gnade, so gewiß, daß er tausendmal drüber stürbe. Und solche Zuversicht und Erkenntnis göttlicher Gnaden macht fröhlich, mutig und lustig gegen Gott und alle Kreaturen, welches der heilige Geist tut im Glauben. Daher ohne Zwang, willig und lustig wird jedermann, Gutes zu tun, jedermann zu dienen, allerlei zu leiden, Gott zu Liebe und Lob, der ihm solche Gnade erzeigt hat, also, daß unmöglich ist Werk vom Glauben scheiden, also unmöglich, als Brennen und Leuchten vom Feuer mag geschieden werden. Darum siehe dich vor deinen eigenen falschen Gedanken und unnützen Schwätzern, die von Glauben und guten Werken klug sein wollen zu urteilen, und sind die größten Narren. Bitte Gott, daß er Glauben in dir wirke, sonst bleibst du wohl ewiglich ohne Glauben, du dichtest und tust, was du willst oder kannst.

Gerechtigkeit ist nun solcher Glaube und heißt Gottes Gerechtigkeit, oder die vor Gott gilt, darum, daß es Gottes Gabe ist, und macht den Menschen, daß er jedermann gibt, was er schuldig ist. Denn durch den Glauben wird der Mensch ohne Sünde und gewinnet Lust zu Gottes Geboten, damit gibt er Gott seine Ehre und bezahlet ihm, was er ihm schuldig ist. Aber den Menschen dienet er williglich, womit er kann, und bezahlet damit auch jedermann. Solche Gerechtigkeit kann Natur, freier Wille und unsere Kräfte nicht zuwege bringen, denn wie niemand sich selbst kann den Glauben geben, so kann er auch den Unglauben nicht wegnehmen. Wie will er denn eine einzige kleinste Sünde wegnehmen? Darum ist es alles falsch und Heuchelei und

*Da liberdade do cristão*

e poderoso na fé impossibilitando que ela cesse de praticar o bem. Ela também não pergunta se deve fazer boas obras, mas as faz antes que perguntem e está sempre em ação. Quem, porém, não realiza tais obras é uma pessoa sem fé que anda tateando à procura da fé e de boas obras, e não sabe o que é fé, nem o que são boas obras, e ainda fica tagarelando e conversando fiado sobre elas.

Fé é uma confiança viva e ousada na graça de Deus, com tanta certeza que morreria mil vezes por ela. E uma tal confiança e conhecimento da graça divina dá alegria, coragem e disposição perante Deus e todas as criaturas; é o que o Espírito Santo faz por meio da fé. Por isso, sem coação, todos se tornam voluntariosos e dispostos a fazer o bem, a servir a todos, a sofrer todo tipo de coisa por amor e em louvor a Deus, que manifestou semelhante graça; desse modo, é impossível separar a obra da fé; é tão impossível quanto separar a luz do fogo. Portanto, acautela-te contra teus próprios pensamentos equivocados e contra tagarelas inúteis que se fazem de inteligentes ao julgarem a fé e as boas obras, e são os maiores tolos. Peço a Deus que produza a fé em ti, caso contrário, tu talvez permaneças eternamente sem fé mesmo que cries e faças o que quiseres ou puderes.

Justiça, portanto, é essa fé e significa justiça de Deus, ou que vale perante Deus, já que é uma dádiva de Deus que leva o homem a dar a todos o que lhes é devido. Já que, por meio da fé, a pessoa se torna sem pecado e ganha disposição para cumprir os mandamentos de Deus; desse modo, ela honra a Deus e lhe paga o que Lhe é devido. Mas, de bom grado, ela serve aos homens como puder, pagando assim a todos. Uma tal justiça, nem a natureza, nem o livre arbítrio, nem nossas forças podem produzir, pois, do mesmo modo que ninguém pode dar a fé a si mesmo, também não se pode eliminar a falta de fé. Como pretender afinal eliminar um único e minúsculo pecado? Por isso, está tudo errado, e não passa de hipocrisia e

Sünde, was außer dem Glauben oder im Unglauben geschieht, Röm. 14, es gleiße, wie gut es mag.

Fleisch und Geist mußt du hier nicht also verstehen, daß Fleisch allein sei, was die Unkeuschheit betreffe, und Geist, was das Innerliche im Herzen betreffe, sondern Fleisch heißt Paulus, wie Christus Joh. 3, alles, was aus Fleisch geboren ist, den ganzen Menschen, mit Leib und Seele, mit Vernunft und allen Sinnen. Darum, daß es alles an ihm nach dem Fleisch trachtet, also, daß du auch den fleischlich wissest zu heißen, der ohne Gnade von hohen geistlichen Sachen viel dichtet, lehret und schwätzet, wie du das aus den Werken des Fleisches Gal. 5 wohl kannst lernen, da er auch Ketzerei und Haß Fleisches Werk heißt. Und Röm. 8 spricht, daß durchs Fleisch das Gesetz geschwächt wird, welches nicht von Unkeuschheit, sondern von allen Sünden, allermeist aber vom Unglauben gesagt ist, der das allergeistlichste Laster ist.

Wiederum, auch den geistlich heißest, der mit den alleräußerlichsten Werken umgeht, als Christus, da er der Jünger Füße wusch, und Petrus, da er das Schiff führte und fischte. Also, daß Fleisch sei ein Mensch, der inwendig und auswendig lebt und wirkt, was zu des Fleisches Nutz und zeitlichem Leben dienet, Geist sei, der inwendig und auswendig lebt und wirkt, was zu dem Geist und zukünftigen Leben dienet. Ohne solchen Verstand dieser Wörter wirst du diese Epistel Sankt Pauli, noch kein Buch der heiligen Schrift nimmer verstehen. Darum hüte dich vor allen Lehrern, die anders diese Worte gebrauchen, sie seien auch wer sie wollen, obgleich Hieronymus, Augustinus, Ambrosius, Origenes und ihresgleichen und noch höher wären. Nun wollen wir zur Epistel greifen.

*Da liberdade do cristão*

pecado o que acontece fora da fé ou em meio à falta de fé, Rm14 [23], por maior que seja o seu brilho.

Portanto, tu não deves entender aqui "carne" e "espírito" como se carne fosse apenas aquilo que se refere à impudicícia, e espírito o que se refere à interioridade do coração. Na realidade, Paulo chama de carne, tal como Cristo em Jo 3 [6], a tudo o que nasce da carne, a pessoa inteira, com seu corpo e sua alma, sua razão e todos seus sentidos. Por consequência, tudo nela se orienta segundo a carne, e a tu, portanto, compete chamar de carnal aquele que sem a graça muito inventa ensina e tagarela sobre altos assuntos espirituais; isso tu podes aprender com as obras da carne, Gl 5 [20], visto que ele chama a heresia e o ódio de obras da carne. E, em Rm 8 [3], ele diz que a Lei se enfraquece por meio da carne: ele se refere não somente à impudicícia, mas também a todos os pecados, principalmente, porém, à falta de fé, que é o mais espiritual dos vícios.

Por outro lado, tu chamarás também de espiritual àquele que lida com as obras excessivamente exteriores, como Cristo ao lavar os pés dos discípulos, e Pedro ao conduzir o barco e pescar. Portanto, carne é a pessoa que interna e externamente vive e age de modo a servir aos interesses da carne e da vida temporal; espírito é a pessoa que interna e externamente vive e age de modo a servir ao espírito e à vida futura. Se não compreender desse modo tais palavras, tu jamais entenderás essa epístola de São Paulo, nem qualquer outro livro da Sagrada Escritura. Por isso, previne-te contra todos os mestres que usam essas palavras noutro sentido, seja quem for, ainda que sejam Jerônimo, Agostinho, Ambrósio, Orígenes e outros equivalentes ou mesmo superiores. Passemos agora à epístola.

# Vorrede auf das
## Alte Testament (1523)

Das Alte Testament halten etliche geringe, als das, was dem jüdische Volk allein gegeben und nun fort aus sei und nur von vergangenen Geschichten schreibe, meinen, sie haben genug am Neuen Testament, und geben vor, eitel geistlichen Sinn im Alten Testament zu suchen, wie auch Origines, Hieronymus und viel hoher Leute mehr gehalten haben. Aber Christus spricht Joh. 5: "Forschet in der Schrift, denn dieselbige gibt Zeugnis von mir." Und Paulus gebietet Timotheo, er solle anhalten mit Lesen der Schrift, und rühmet Röm. 1, wie das Evangelion sei von Gott in der Schrift verheißen. Und 1. Cor. 15 sagt er, Christus sei laut der Schrift von Davids Geblüte gekommen, gestorben und vom Tode auferstanden. So weiset uns auch St. Petrus mehr denn einmal weiter hinein in die Schrift. Damit sie uns je lehren, die Schrift des Alten Testaments nicht zu verachten, sondern mit allem Fleiß zu lesen, weil sie selbst das Neue Testament so mächtglich gründen und bewähren durchs Alte Testament und sich darauf berufen. Wie auch St. Lukas Act. 17 schreibt, daß die zu Thessalonich täglich forschten die Schrift, ob es sich so verhielt, wie Paulus lehrte. So wenig nun des Neuen Testaments Grund und Beweisung zu verachten ist, so teuer ist auch das Alte Testament zu achten. Und was ist das Neue Testament anders denn eine öffentliche Predigt und Verkündigung der Sprüche im Alten Testament gesetzt und durch Christum erfüllt?

# Prefácio ao
## Velho Testamento (1523)

Alguns dão pouca importância ao Velho Testamento, por se tratar de algo que, dado unicamente ao povo judeu, logo acabaria e que se reporta apenas a histórias do passado. Eles pensam que lhes basta o Novo Testamento e pretendem buscar no Velho Testamento meramente o sentido espiritual, tal como o fizeram Orígenes, Jerônimo e muitas outras pessoas importantes. Mas Cristo diz em Jo 5 [39]: "Examinai as Escrituras, pois elas dão testemunho de mim". E Paulo ordena a Timóteo que persevere na leitura das Escrituras e louva em Rm 1 [2] o Evangelho prometido por Deus nas Escrituras. E em 1 Cor 15 [3-5], ele diz que, segundo as Escrituras, Cristo descende da linhagem de Davi e morreu e ressuscitou dos mortos. Mais de uma vez, também São Pedro nos conduz adiante nas Escrituras. Desse modo, eles nos ensinam a não desprezar o texto do Velho Testamento, mas sim a lê-lo com todo zelo, pois eles mesmos fundamentam e justificam sobremaneira o Novo Testamento por meio do Velho, reportando-se a ele. São Lucas igualmente escreve em At 17 [11] que o povo de Tessalônica[1] diariamente examinava as Escrituras para ver se era como Paulo ensinara. Quanto mais se estima o Velho Testamento, menos se despreza o fundamento e a comprovação do Novo Testamento. E o que é o Novo Testamento senão uma pregação pública e uma anunciação das palavras contidas no Velho Testamento e cumpridas por Cristo?

---

1  Na verdade, trata-se de Bereia. (N. T)

Daß aber diejenigen, die es nicht besser wissen, eine Anleitung und Unterricht haben, nützlich drinnen zu lesen, habe ich diese Vorrede nach meinem Vermögen, so viel mir Gott gegeben, gestellt, bitte und warne treulich einen jeglichen frommen Christen, daß er sich nicht stoße an der einfältigen Rede und Geschichte, die ihm oft begegnen wird, sondern zweifle nicht daran, wie schlicht es immer sich ansehen läßt, es seien eitel Worte, Werke, Gerichte und Geschichten der hohen göttlichen Majestät, Macht und Weisheit. Denn dies ist die Schrift, die alle Weisen und klugen zu Narren macht, und allein den Kleinen und Albern offen steht, wie Christus sagt Matth. 11. Darum laß dein Dünkel und Fühlen fahren, und halte von dieser Schrift als von dem allerhöchsten, edelsten Heiligtum, als von der allerreichsten Fundgrube, die nimmermehr genug ausgegründet werden mag, auf daß du die göttliche Weisheit finden mögest, welche Gott hier so albern und schlicht vorlegt, daß er allen Hochmut dämpfte. Hier wirst du die Windeln und die Krippe finden, da Christus innen liegt, dahin auch der Engel die Hirten weiset. Schlichte und geringe Windeln sind es, aber teuer ist der Schatz Christus, der drinnen liegt.

So wisse nun, daß dieses Buch ein Gesetzbuch ist, das da lehrt, was man tun und lassen soll, und daneben anzeigt Exempel und Geschichten, wie solche Gesetze gehalten oder übertreten sind, gleichwie das Neue Testament ein Evangeli oder Gnadenbuch ist und Lehr, wo man es nehmen soll, daß das Gesetz erfüllt werde. Aber gleichwie im Neuen Testament neben der Gnadenlehre auch viele andere Lehren gegeben werden, die da Gesetze und Gebote sind, das Fleisch zu regieren, sintemal auf diesem Leben der Geist nicht vollkommen wird noch eitel Gnade regieren kann, also sind auch im Alten Testament neben den Gesetzen etliche Verheißungen und Gnadensprüche, damit die heiligen Väter und Propheten unter dem Gesetz im Glauben Christi, wie wir, erhalten sind, doch wie des Neuen Testaments eigentliche Hauptlehre ist, Gnade und Frieden durch Vergebung der Sünden in Christo verkündigen,

*Da liberdade do cristão*

Mas, a fim de instruir e ensinar aqueles que não o conhecem a lê-lo com proveito, redigi este prefácio com a capacidade que Deus me deu; assim, peço e advirto fielmente todos os cristãos devotos para não se incomodarem com a história e as palavras simples que muitas vezes encontrarão, mas não duvidem de que, por mais modestas que possam parecer, são realmente palavras, obras, julgamentos e histórias oriundas da elevada majestade, do poder e da sabedoria de Deus. Porque este texto transforma em tolos todos os sábios e doutos, revelando-se apenas aos pequenos e aos humildes, como Cristo afirma em Mt 11 [25]. Por conseguinte, deixa de lado tua arrogância e teus sentimentos e considera este texto como o santuário mais elevado e mais nobre, como a mina mais rica que jamais poderá ser suficientemente explorada; nele tu encontrarás a sabedoria divina que Deus apresenta aqui de maneira tão simples e tão modesta, sufocando assim todo orgulho. Aqui, tu encontrarás as faixas e a manjedoura, pois Cristo está nelas e o anjo guia os pastores nessa direção. As faixas são simples e humildes, mas precioso é o tesouro, o Cristo que nelas reside.

Assim, sabe que este livro é um livro de leis que ensina o que se deve fazer ou não, demonstrando por meio de exemplos e de histórias como tais leis são cumpridas ou transgredidas, do mesmo modo que o Novo Testamento é um Evangelho ou um livro de graças que ensina quando devemos perceber que a Lei está sendo cumprida. Mas, tal como aparecem no Novo Testamento, ao lado da doutrina das graças, muitas outras doutrinas que são leis e mandamentos para governar a carne – tanto mais que nesta vida o Espírito não atinge a perfeição, nem consegue governar a mera graça –, também aparecem no Velho Testamento, ao lado das leis, várias promessas e palavras de graça a fim de manter os santos Patriarcas e os Profetas sob a Lei na fé de Cristo, como nós. Contudo, do mesmo modo que a doutrina principal do Novo Testamento é realmente anunciar a graça e a paz por meio do perdão dos pecados em Cristo,

*Martinho Lutero*

also ist des Alten Testaments eigentliche Hauptlehre, Gesetze lehren und Sünden anzeigen und Gutes fordern. Solches wisse im Alten Testament zu erwarten.

Und daß wir zuerst auf Moses Bücher kommen, der lehrt in seinem ersten Buch, wie alle Kreaturen geschaffen sind und (was seines Schreibens meiste Ursache ist) wo die Sünde und der Tod hergekommen seien, nämlich durch Adams Fall aus des Teufels Bosheit. Aber bald darauf, ehe denn Moses Gesetz kommt, lehrt er, woher die Hilfe wiederkommen sollte, die Sünde und Tod zu vertreiben, nämlich nicht durch Gesetz noch eigene Werke, weil noch kein Gesetz war, sondern durch des Weibes Samen Christum, Adam und Abraham verheißen, auf daß also der Glaube von Anfang der Schrift durch und durch gepreiset werde über alle Werke, Gesetze und Verdienste. Also hat das erste Buch Mose fast eitel Exempel des Glaubens und Unglaubens, und was Glaube und Unglaube für Früchte tragen, und ist fast ein evangelisches Buch.

Danach im anderen Buch, da die Welt nun voll und in der Blindheit versunken war, daß man schier nicht mehr wußte, was Sünde war oder wo Tod hergekommen sei, bringt Gott Mosen hervor mit dem Gesetz und nimmt ein besonderes Volk an, die Welt an ihnen wieder zu erleuchten, und durchs Gesetz die Sünde zu eröffnen. Und verfaßt also das Volk mit allerlei Gesetzen, und sondert sie von allen anderen Völkern, läßt sie eine Hütte bauen und richtet einen Gotttesdienst an, bestellt Fürsten und Amtsleute, und versorget also sein Volk beide mit Gesetzen und Leuten aufs allerfeinste, wie sie beide leiblich vor der Welt und geistlich vor Gott sollen regiert werden.

Im dritten Buch wird insonderheit das Priestertum verordnet mit seinen Gesetzen und Rechten, danach die Priester tun und das Volk lehren sollen. Da sieht man, wie ein priesterliches Amt nur um der Sünde willen wird eingesetzt, daß es dieselbige soll dem Volk kund machen und vor Gott sühnen, also daß all sein Werk ist mit Sünden und Sündern umgehen. Derhalben auch den Priestern kein

*Da liberdade do cristão*

a doutrina principal do Velho Testamento é realmente ensinar as leis, mostrar os pecados e exigir o bem. É o que tu deves esperar encontrar no Velho Testamento.

E abordaremos inicialmente os livros de Moisés, que ensina em seu primeiro livro como todas as criaturas foram criadas e (o seu principal motivo para escrever) de onde surgiram os pecados e a morte, a saber, por meio da queda de Adão oriunda da maldade do diabo. Mas, logo em seguida, antes de surgir a Lei de Moisés, ele ensina de onde deveria vir a ajuda para expulsar o pecado e a morte, a saber, não por meio da Lei, nem de obras próprias porque ainda não existia a Lei, mas por meio da descendência da fêmea, do Cristo prometido a Adão e a Abraão. Desse modo, a fé foi sendo louvada desde o princípio da Escritura e colocada acima de todas as obras, leis e méritos. Portanto, o primeiro livro de Moisés contém quase unicamente exemplos de fé e de falta de fé, bem como o tipo de frutos que estas produzem, e é quase um livro evangélico.

No livro seguinte, no qual o mundo já povoado havia caído na cegueira a ponto de não mais saber o que era o pecado, nem de onde havia surgido a morte, Deus faz aparecer Moisés com a Lei e elege um povo especial para, por meio dele, iluminar novamente o mundo e revelar o pecado por meio da Lei. Dotando esse povo com todo tipo de leis e separando-o de todos os outros povos, Ele leva-o a construir uma tenda e a instituir um culto, nomeia príncipes e autoridades provendo, portanto, o seu povo com leis e pessoas da maneira mais perfeita possível, fazendo-o ser governado corporalmente perante o mundo e, ao mesmo tempo, espiritualmente perante Deus.

O terceiro livro institui sobretudo o clero com suas leis e direitos, de acordo com os quais os sacerdotes devem agir e ensinar o povo. Nele vemos que um cargo eclesiástico é criado apenas por causa do pecado, para que por meio dele, o povo o conheça e o expie diante de Deus; desse modo, todo seu trabalho consiste em lidar com pecados e pecadores. Por isso, não foi dado aos sacerdotes nenhum

zeitliches Gut gegeben noch leiblich zu regieren befohlen oder zugelassen wird, sondern allein des Volks zu pflegen in den Sünden ihnen zugeeignet wird.

Im vierten, da nun die Gesetze gegeben, Priester und Fürsten eingesetzt sind, die Hütten und Gottesdienst angerichtet sind, und alles bereit ist, was zum Volk Gottes gehört, hebt sich das Werk und Übung an und wird versucht, wie solche Ordnung gehen und sich schicken will. Darum schreibt dasselbe Buch von so viel Ungehorsam und Plagen des Volkes, und werden etliche Gesetze erkläret und gemehret. Denn also finden es sich allezeit, daß Gesetze bald zu geben sind, aber wenn sie sollen angehen und in den Schwang kommen, da begegnet nicht mehr denn eitel Hindernis, und will nirgend fort, wie das Gesetz fordert. Daß dieses Buch ein merkliches Exempel ist, wie es gar nichts ist, mit Gesetzen die Leute fromm machen, sondern wie St. Paulus sagt, daß das Gesetz nur Sünde und Zorn anrichtet.

Im fünften, da nun das Volk um seinen Ungehorsam gestraft ist, und Gott sie mit Gnaden ein wenig gelockt hat, daß sie aus Wohltat, da er ihnen die zwei Königreiche gab, bewegt wurden, sein Gesetz mit Lust und Liebe zu halten, wiederholt Moses das ganze Gesetz mit allen Geschichten, die ihnen begegnet waren, außer was das Priestertum betrifft, und erklärt also von neuem an alles, was beide zum leiblichen und geistlichen Regiment eines Volks gehört. Daß also Mose, wie ein vollkommener Gesetzeslehrer, allenthalben sein Amt genug täte, und das Gesetz nicht allein gäbe, sondern auch dabei wäre, da man es tun sollte, und wo es fehlte, erklärte und wieder anrichtete. Aber diese Erklärung im fünften Buch hält eigentlich nicht anders innen denn den Glauben zu Gott und die Liebe zum Nächsten. Denn dahin langen alle Gesetze Gottes. Darum wehret Mose mit seinem Erklären all dem, was den Glauben an Gott verderben mag, bis hinan in das XX. Kapitel und all dem, was die Liebe hindert, bis zum Buches Ende.

*Da liberdade do cristão*

bem temporal, nem lhes foi ordenado ou permitido governar corporalmente; compete-lhe apenas cuidar das pessoas no tocante aos pecados.

No quarto livro, uma vez que já foram dadas as leis, nomeados os sacerdotes e príncipes, instituídas as tendas e o culto, deixando pronto tudo o que cabe ao povo de Deus, começam então as obras e a prática, tentando ver como essa ordem vai se dar e se adequar. Por isso, o mesmo livro relata tanta desobediência e flagelo do povo e explica e complementa várias leis. Já que a todo momento vemos que as leis são dadas, mas, quando devem ser acionadas e entrar em vigor, elas encontram apenas obstáculos e nada ocorre como a Lei exige. Assim, esse livro é um exemplo notável de como não leva a nada querer tornar as pessoas justas por meio de leis, pois, como disse São Paulo, a Lei provoca apenas pecado e ira.

No quinto livro, depois de o povo ter sido castigado por sua desobediência e Deus tê-lo atraído um pouco com suas graças, levando-o por caridade, ao dar-lhe os dois reinos, a observar a Lei com disposição e amor, Moisés repete a Lei inteira com todas as histórias ocorridas com seu povo, excetuando o que se refere ao clero, e explica novamente tudo o que cabe ao governo corporal e espiritual de um povo. De modo que Moisés, tal como um perfeito professor de leis, cumpriu satisfatoriamente a sua missão em toda parte, e não somente deu a Lei, mas encontrava-se lá onde deveria aplicá-la e onde era preciso explicá-la e instituí-la novamente. Mas essa explicação do quinto livro acentua unicamente a fé em Deus e o amor ao próximo. Porque é nisso que se resumem todas as leis de Deus. Por isso, Moisés, com sua explicação, combate tudo o que possa corromper a fé em Deus, até o capítulo 20, e tudo o que impede o amor, até o final do livro.

*Martinho Lutero*

Hierbei ist nun zu merken aufs erste, daß Mose das Volk so genau mit Gesetzen verfaßt, daß er keinen Raum läßt der Vernunft, irgendein Volk Werk zu wählen oder einen Gottesdienst erfinden. Denn er lehrt nicht allein Got fürchten, trauen und lieben, sondern gibt auch so mancherlei Weise äußerlichen Gottesdiensts, mit Opfern, Geloben, Fasten, Züchtigen etc., daß niemandem not sei, etwas anders zu erwählen. Item er lehret auch pflanzen, bauen, freien, streiten, Kinder, Gesind und Haus regieren, kaufen und verkaufen, borgen und lösen, und alles, was äußerlich und innerlich zu tun sei, so gar, daß etliche Satzungen gleich närrisch und vergeblich anzusehen sind. Lieber, warum tut er das?

Endlich darum, er hat sich des Volks angenommen, daß es sein eigen sein sollte und er wollte ihr Gott sein, darum wollte er sie also regieren, daß all ihr Tun gewiß wäre, daß es vor ihm recht wäre. Denn wo jemand etwas tut, da Gottes Wort nicht zuvor aufgegeben ist, das gilt vor Gott nicht und ist verloren. Denn er verbietet auch am 4, und 13. Kapitel im fünften Buch, daß sie nichts sollen zutun zu seinen Gesetzen, und im 12. spricht er, sie sollen nicht tun, was sie recht dünkt. Auch der Psalter und alle Propheten drob schreien, daß das Volk gute Werke täte, die sie selbst erwählten und von Gott nicht geboten waren. Denn er will und kann es nicht leiden, daß die Seinen etwas vornehmen zu tun, das er nicht befohlen hat, es sei wie gut es immer sein kann. Denn Gehorsam ist aller Werke Adel und Güte, der an Gottes Worten hängt.

Weil denn nun dieses Leben nicht kann ohne äußerlichen Gottesdienst und Weise sein, hat er ihnen vorgelegt solch mancherlei Weise und mit seinem Gebot verfaßt, auf daß, ob sie ja müßten oder auch wollten Gott irgendeinen äußerlichen Dienst tun, sie dieser einen angriffen und nicht einen eigenen erdächten, damit sie gewiß und sicher wären, das solch ihr Werk in Gottes Wort und Gehorsam ginge. Also ist ihnen allenthalben gewehret, eigener Vernunft und freiem Willen zu folgen, Gutes zu tun und wohl zu leben, und doch übrig genug Raum, Stätte,

*Da liberdade do cristão*

Nesse sentido, é preciso observar primeiramente que Moisés dota o povo de leis com tanta exatidão, a ponto de não deixar qualquer espaço para a razão escolher alguma obra ou inventar um culto. Porque ele ensina não somente a temer, a amar a Deus e a confiar Nele, mas indica também tantas formas de cultos exteriores, com sacrifícios, votos, jejuns, disciplinas etc. que ninguém precisaria escolher outra coisa. Ele ensina igualmente a plantar, construir, arranjar casamento, conduzir disputas, governar os filhos, a criadagem e a casa, comprar e vender, pedir emprestado e devolver, e tudo o que convém fazer externa e internamente a ponto de muitas prescrições serem consideradas tolas e vãs. Meu caro, por que ele faz isso?

É porque definitivamente ele assumiu esse povo, fazendo-o seu e pretendendo ser o Deus dele; por isso, ele queria governá-lo de modo a tornar suas ações corretas e vê-lo como justo. Porque onde alguém faz algo ainda não determinado pela Palavra de Deus, esta ação nada vale perante Deus e está perdida. Já que, nos capítulos 4 [2] e 13 [1] do quinto livro, ele também proíbe as pessoas de acrescentarem algo às suas leis, e no capítulo 12 [8] ele diz que elas não devem fazer o que presumem ser correto. O salmista e todos os profetas também clamam para que as pessoas não façam as boas obras que elas próprias escolheram e que não foram ordenadas por Deus. Porque Ele não pretende, nem pode suportar que os Seus proponham-se a fazer algo que Ele não ordenou, por melhor que possa parecer. Já que a obediência devida às Palavras de Deus é a nobreza e a bondade de todas as obras.

Pois bem, como esta vida não pode se realizar sem a forma e o culto exterior, ele apresentou a seu povo todas estas formas e dotou-o de seus mandamentos a fim de que ele, ainda que precisasse ou quisesse prestar algum serviço exterior a Deus, adotasse uma delas e não criasse uma outra por si mesmo; desse modo, as pessoas estariam certas e seguras de que essa sua obra se fez mediante a obediência e a Palavra de Deus. Portanto, é inteiramente vedado às pessoas seguir a sua própria razão e o seu livre arbítrio, fazer o bem e viver bem, mas em compensação são-lhes determinados e apresentados espaço, lugar,

Zeit, Person, Werk und Weise bestimmt und vorgelegt, daß sie nicht klagen dürfen, noch fremder Gottesdienste Exempel nachfolgen müssen.

Aufs andere ist zu merken, daß die Gesetze dreierlei Art sind. Etliche, die nur von zeitlichen Gütern sagen, wie bei uns die kaiserlichen Gesetze tun, diese sind von Gott allermeist um der Bösen willen gesetzt, daß sie nichts Ärgeres täten, darum sind solche Gesetze nur Wehrgesetze mehr denn Lehrgesetze. Als da Mose gebietet, ein Weib mit einem Scheidebrief von sich zu lassen. Item, daß ein Mann sein Weib mit einem Eiferopfer treiben, und anderer Weiber mehr nehmen mag. Solches sind alles weltliche Gesetze. Etliche aber sind, die von äußerlichem Gottesdienst lehren, wie droben gesagt ist. Über diese beiden gehen nun die Gesetze vom Glauben und von der Liebe. Also, daß alle anderen Gesetze müssen und sollen ihr Maß haben vom Glauben und von der Liebe, daß sie gehen sollen, wo ihre Werke also geraten, daß sie nicht wider den Glauben und die Liebe gehen, wo sie aber wider den Glauben und Liebe geraten, sollen sie schlicht absein.

Daher lesen sie, daß David den Mörder Joab nicht tötete, so er doch zweimal den Tod verdienet hatte. Und 2. Reg. 14 gelobte er dem Weibe von Thekoa, ihr Sohn solle nicht sterben, ob er wohl seinen Bruder erwürget hätte. Item Absalom tötete er auch nicht. Item er selbst David aß von dem heiligen Brot der Priester 1. Reg. 21. Item Thamar meinte, der König möchte sie gehen Amnon ihrem Stiefbruder zur Ehe. Aus dieser und dergleichen Geschichten sieht man wohl, daß die Könige, Priester und Obersten haben oft frisch ins Gesetz gegriffen, wo es der Glaube und die Liebe haben gefordert, daß also der Glaube und die Liebe soll aller Gesetze Meisterin sein und sie alle in ihrer Macht haben. Denn sintemal alle Gesetze auf den Glauben und die Liebe treiben, soll keines mehr gelten noch ein Gesetz sein, wo es dem Glauben oder der Liebe will zuwider geraten.

Derhalben irren die Juden noch heutigen Tags gar sehr, daß sie so streng und hart über etlichen Gesetzen

*Da liberdade do cristão*

tempo, pessoas, obras e maneiras suficientes de modo que elas não podem se queixar de ter de continuar seguindo os exemplos de cultos estranhos.

Por outro lado, é preciso observar que existem três tipos de leis. Algumas falam apenas de bens temporais, tais como as nossas leis imperiais, que são instituídas por Deus principalmente por causa dos maus, para que eles não cometam escândalos; é por isso que essas leis são mais leis de defesa que de doutrina. Um exemplo é quando Moisés ordena para se separar de uma mulher com uma carta de divórcio [Dt 24,1]. Igualmente, quando um homem quer questionar a sua mulher com uma oblação de ciúmes [Nm 5, 15] ou quer estar com outras mulheres. Isso tudo são leis mundanas. Algumas, porém, ensinam o culto exterior, como já foi dito antes. Acima dessas duas, estão as leis da fé e do amor. Portanto, todas as outras leis precisam e devem tirar a sua medida da fé e do amor, e devem ir onde suas obras se dirigem sem se oporem à fé e ao amor; ao contrário, quando se dirigem contra a fé e o amor, elas devem ser simplesmente eliminadas.

Por essa razão, lemos que Davi não matou o assassino Joabe [1 Rs 2, 5], por mais que este tivesse merecido duas vezes a morte. E em 2 Rs 14 [= 2 Sm 14, 11], ele prometeu à mulher de Técoa que o filho dela não morreria, embora este tivesse estrangulado o próprio irmão. Do mesmo modo, ele também não matou Absalão [2 Sm 14, 33]. Igualmente, o próprio Davi comeu do pão sagrado dos sacerdotes em 1 Rs 21 [- 1 Sm 21, 6]. Tamar também achou que o rei queria dá-la em casamento a Amnon, o seu próprio meio-irmão [2 Sm 13, 10]. Nessas e noutras histórias vemos muito bem que os reis, os sacerdotes e os superiores frequentemente recorreram à lei em que a fé e o amor assim o exigiram; portanto, a fé e o amor devem ser os mestres de todas as leis e tê-las todas em seu poder. Porque, já que todas as leis se orientam pela fé e pelo amor, nada mais deve valer, nem mesmo ser uma lei, se for de encontro à fé e ao amor.

Por essa razão, os judeus ainda hoje se enganam bastante ao considerar com rigor e dureza algumas leis

Mose halten und viel eher Liebe und Frieden ließen untergehen, ehe sie mit uns äßen oder tränken oder dergleichen täten, und sehen des Gesetzes Meinung nicht recht an. Denn dieser Verstand ist vonnöten allen, die unter Gesetzen leben, nicht allein den Juden. Denn also sagt auch Christus Matth. 12, daß man den Sabbath brechen möchte, wo ein Ochs in eine Grube gefallen war und ihm heraus helfen, welches doch nur eine zeitliche Not und Schaden war. Wieviel mehr soll man frisch allerlei Gesetz brechen, wo es Leibes Not fordert, so anders dem Glauben und der Liebe nichts zuwider geschieht. Wie Christus sagt, daß David getan hat, da er die heiligen Brote aß Mark. 3.

Was ist aber, daß Mose die Gesetze so unordentlich untereinander wirft? Warum setzt er nicht die weltlichen auf einen Haufen, die geistlichen auch auf einen Haufen, und den Glauben und Liebe auch auf einen? Dazu wiederholt er zuweilen ein Gesetz so oft, und treibt einerlei Wort soviel mal, daß gleich verdrossen ist zu lesen und zu hören. Antwort: Mose schreibt, wie es sich treibt, daß sein Buch ein Bild und Exempel ist des Regiments und Lebens. Denn also geht es zu, wenn es im Schwang geht, daß jetzt dies Werk, jetzt getan sein muß. Und kein Mensch sein Leben also fassen mag (so es anders göttlich sein soll), daß er diesen Tag eitel geistliche, den andern eitel weltliche Gesetze übe, sondern Gott regiert also alle Gesetze untereinander wie die Sterne am Himmel und die Blumen auf dem Felde stehen, daß der Mensch muß alle Stunden zum jeglichen bereit sein, und tun welches ihm am ersten vor die Hand kommt. Also ist Mose Buch auch untereinander gemenget.

Daß er aber so sehr treibt und oft einerlei wiederholt, da ist auch seines Amts Art angezeigt. Denn wer ein Gesetzesvolk regieren soll, der muß immer anhalten, immer treiben, und sich mit dem Volk wie mit Eseln plagen. Denn kein Gesetzeswerk geht mit Lust und Liebe ab. Es ist alles erzwungen und abgenötiget. Weil nun Mose ein Gesetzeslehrer ist, muß er mit seinem Treiben anzeigen,

*Da liberdade do cristão*

de Moisés, preferindo, ao contrário, que o amor e a paz sucumbam a comer, beber ou de fazer coisas semelhantes conosco. E eles não consideram corretamente a intenção da Lei. Já que é necessário que todos que vivem sob a Lei compreendam isso, não apenas os judeus. Afinal, em Mt 12 [11], Cristo diz que se pode infringir o sabat quando um boi[2] cair numa cova e tivermos de ajudá-lo a sair, mesmo sendo apenas um prejuízo e uma necessidade temporal. Tanto mais se deve infringir com vigor todo tipo de lei em que uma necessidade corporal assim o exigir, desde que nada ocorra contra a fé e o amor. É o que fez Davi ao comer os pães sagrados, como Cristo diz em Mc 3 [= 2, 25-26].

Mas o que leva Moisés a lançar as leis de maneira tão desordenada? Por que ele não coloca num grupo as leis temporais, noutro as espirituais e noutro ainda a fé e o amor? Além disso, ele frequentemente repete uma mesma lei e retoma uma mesma palavra tantas vezes que rapidamente nos cansamos de ler ou de ouvir. Resposta: Moisés escreve como convém para que seu livro seja uma imagem e um exemplo do governo e da vida. Portanto, quando as coisas se põem em marcha, ocorre que num momento tal obra, noutro momento outra obra, deve ser feita. E ninguém pode conceber sua vida (a não ser que seja divina) de modo a praticar num dia as leis meramente espirituais, noutro as leis meramente mundanas; Deus, porém, governa todas as leis em conjunto como as estrelas no céu e as flores nos campos, de modo que o homem precisa estar preparado para qualquer uma delas a qualquer momento, e praticar a primeira que lhe vier à mão. Portanto, o livro de Moisés está agrupado da mesma maneira.

Mas o fato de insistir tanto e de repetir tantas vezes a mesma coisa indica também a natureza de sua missão. Porque quem deve governar um povo conforme à Lei, precisa perseverar e insistir sempre, e extenuar-se com as pessoas como se fossem mulas. Já que nenhum livro de leis se faz com prazer e amor. Tudo é coação e imposição. Como Moisés é um legislador, ele precisa indicar com tal insistência

---

2  Na verdade, trata-se de uma ovelha. (N. T.)

## Martinho Lutero

wie Gesetzeswerke gezwungene Werke sind und das Volk müde machen, bis es durch solches Treiben erkenne seine Krankheit und Unlust zu Gottes Gesetzen und nach der Gnade trachte, wie folgt.

Aufs dritte ist das die rechte Meinung Mose, daß er durchs Gesetz die Sünde offenbare und alle Vermessenheit menschlichen Vermögens zuschanden mache. Denn daher nennet ihn St. Paulus Gal. 1 einen Amtmann der Sünder, und sein Amt ein Amt des Todes 2. Cor. 3. Und Röm. 3 und 7 spricht er, durchs Gesetz komme nicht mehr denn Erkenntnis der Sünde. Und Röm. 3 durchs Gesetzeswerk wird niemand fromm vor Gott. Denn Mose kann durchs Gesetz nicht mehr tun, denn anzeigen, was man tun und lassen soll. Aber Kraft und Vermögen, solches zu tun und zu lassen, gibt er nicht, und läßt uns also in der Sünde stecken. Wenn wir denn in der Sünde stecken, so dringet der Tod alsbald auf uns, als eine Rache und Strafe über die Sünde. Daher nennet Paulus die Sünde des Todes Stachel, daß der Tod durch die Sünde all sein Recht und Macht an uns hat. Aber wo das Gesetz nicht wäre, so wäre auch keine Sünde, darum ist es alles Moses Amt Schuld, der regt und rügt die Sünde durchs Gesetz, so folget der Tod auf die Sünde mit Gewalt, daß Mose Amt billig und recht ein Amt der Sünde und des Todes von St. Paul genennet wird. Denn er bringt nichts auf uns durch sein Gesetzgeben denn Sünde und Tod.

Aber doch ist solches Sündenamt und Todesamt gut und sehr vonnöten, denn wo Gottes Gesetz nicht ist, da ist alle menschliche Vernunft so blind, daß sie die Sünde nicht mag erkennen, denn keine menschliche Vernunft weiß, daß Unglaube und an Gott verzweifeln Sünde sei, ja sie weiß nichts davon, daß man Gott glauben und trauen soll, und geht also dahin in ihrer Blindheit verstockt, und fühlt solche Sünde nimmermehr, und tut dieweil sonst etwa gute Werke und führet ein äußerlich ehrbares Leben, da meinet sie denn, sie stehe wohl, und sei der Sachen genug geschehen, wie wir sehen in den Heiden und Heuchlern, wenn sie auf ihr Bestes leben. Item also weiß sie

*Da liberdade do cristão*

que os livros de leis são obras impostas e devem extenuar as pessoas até que elas reconheçam por meio dessa insistência a sua doença e a sua indisposição com relação às leis de Deus e aspirem à graça, como se segue.

Em terceiro lugar, a verdadeira intenção de Moisés é revelar o pecado por meio da Lei e acabar com todo atrevimento de que os homens são capazes. Por essa razão, São Paulo chama-o em Gl 1 [3, 19] de missionário dos pecadores e a sua missão uma missão da morte, em 2 Cor 3 [7]. E, em Rm 3 [20] e 7, ele diz que, por meio da Lei, advém apenas o conhecimento do pecado. E, em Rm 3 [20], que por meio da obra da Lei, ninguém se torna justo diante de Deus. Já que por meio da Lei, Moisés nada pode fazer a não ser indicar o que se deve fazer ou não. Mas ele não dá a força e a capacidade de fazer ou não, deixando-nos assim afundados no pecado. E, quando estamos afundados no pecado, a morte logo se lança sobre nós, como uma vingança ou um castigo relacionado ao pecado. Por isso, Paulo chama o pecado de aguilhão da morte, pois, por meio do pecado, a morte adquire direito e poder sobre nós. Mas, onde não houver a Lei, também não haverá pecado; por conseguinte, tudo isso se deve à missão de Moisés que incita e repreende o pecado por meio da Lei; desse modo, a morte se segue ao pecado com violência, a ponto de a missão de Moisés ser chamada por São Paulo, com toda justiça, de missão do pecado e da morte, pois, por meio de sua legislação, ele nada mais nos expõe a não ser o pecado e a morte.

Entretanto, tal missão do pecado e da morte é boa e muito necessária, pois, onde não houver a Lei de Deus, toda razão humana torna-se tão cega que não consegue mais reconhecer o pecado. Afinal, nenhuma razão humana sabe que a falta de fé e a desesperança com Deus é pecado; ela ignora completamente que se deve crer e confiar em Deus, e segue o seu caminho empedernida em sua cegueira, sem jamais perceber o seu pecado. Ao mesmo tempo, ela chega a fazer boas obras e leva uma vida exteriormente honrada, achando que tudo vai bem e que muita coisa boa aconteceu, tal como pensam os pagãos e os hipócritas quando vivem muito bem. Ela também ignora

auch nicht, daß böse Neigung des Fleischs und Haß wider die Feinde Sünde sei, sondern weil sie sieht und fühlt, daß alle Menschen so geschickt sind, achtet sie solches für natürlich und recht gutes Ding und meint, es sei genug, wenn man nur äußerlich den Werken wehret. Also geht sie dahin und achtet ihre Krankheit für Stärke, ihre Sünde für recht, ihr Böses für gut und kann nicht weiter.

Siehe, diese Blindheit und verstockte Vermessenheit zu vertreiben, ist Mose Amt not. Nun kann er sie nicht vertreiben, er muß sie offenbaren und zu erkennen geben. Das tut er durchs Gesetz, da er lehrt, man solle Gott fürchten, trauen, glauben und lieben, dazu keine böse Lust noch Haß zu irgendeinem Menschen tragen oder haben. Wenn nun die Natur solches recht hört, so muß sie erschrecken, denn sie findet gewiß weder Trauen noch Glauben, weder Furcht noch Liebe zu Gott. Item, weder Liebe noch Reinigkeit gegen den Nächsten, sondern eitel Unglaube, Zweifeln, Verachtung und Haß zu Gott, und eitel bösen Willen und Lust zum Nächsten. Wenn sie aber solches findet, so ist der Tod alsbald vor Augen, der solchen Sünder fressen und in die Hölle will verschlingen.

Siehe, das heißt den Tod durch die Sünde auf uns dringen, und durch die Sünde uns töten. Das heißt durch das Gesetz die Sünde regen und vor die Augen setzen und alle unsere Vermessenheit in ein Verzagen und Zittern und Verzweifeln treiben, daß der Mensch nicht mehr kann tun, denn mit dem Propheten schreien: Ich bin von Gott verworfen, oder wie man auf Deutsch sagt, ich bin des Teufels, ich kann nimmermehr selig werden. Das heißt recht in die Hölle geführt. Das meint St. Paulus mit kurzen Worten 1. Cor. 15: "Der Stachel des Todes ist die Sünde, aber das Gesetz ist der Sünden Kraft", als sollte er sagen: Daß der Tod sticht und uns erwürgt, macht die Sünde, die an uns gefunden wird des Todes schuldig, daß aber die Sünde an uns gefunden wird und so mächtig uns dem Tod gibt, macht das Gesetz, welches uns die Sünde offenbart und erkennen lehrt, die wir zuvor nicht kannten und sicher waren.

*Da liberdade do cristão*

que as más inclinações da carne e o ódio contra os inimigos é pecado; contudo, como ela vê e sente que todas as pessoas estão predestinadas a isso, ela as considera como coisas naturais e verdadeiramente boas, achando que basta defender as obras exteriormente. Portanto, ela continua o seu caminho tomando a sua doença por força, o seu pecado por algo justo, o seu mal por algo bom, e não consegue ir adiante.

Ora, expulsar essa cegueira e esse atrevimento empedernido é a incumbência da missão de Moisés. Mas, não podendo expulsá-las, ele precisa revelá-las e torná-las conhecidas, e ele o faz por meio da Lei, ensinando que se deve temer a Deus, crer e confiar Nele e amá-Lo, sem ter ou nutrir qualquer disposição má ou ódio contra um semelhante. Se a natureza atentar a isso, ela irá se assustar, pois com certeza ela não encontrará nem confiança, nem fé, nem temor, nem amor em relação a Deus. Nem também amor ou pureza em relação ao próximo, mas simplesmente falta de fé, dúvida, desprezo e ódio em relação a Deus, e simplesmente má vontade e indisposição em relação ao próximo. Contudo, se ela descobrir isso tudo, a morte então imediatamente aparecerá diante de seus olhos para devorar um tal pecador e tragá-lo ao inferno.

Ora, isso significa lançar a morte sobre nós e matar-nos por meio do pecado. Isto é, agitar o pecado por meio da Lei, colocá-lo diante dos nossos olhos e levar todo o nosso atrevimento ao desânimo, ao tremor e ao desespero, de modo que o homem nada mais possa fazer a não ser gritar junto com o profeta: fui preterido por Deus ou, como se costuma dizer, eu pinto o diabo, jamais poderei me tornar um bem-aventurado. Isso significa ser levado diretamente para o inferno. É o que quer dizer São Paulo de maneira sucinta em 1 Cor 15 [56]: "O aguilhão da morte é o pecado, mas a força do pecado é a Lei", como se dissesse: o pecado que se encontra em nós e é culpado da morte faz que a morte nos aguilhoe e nos estrangule, mas a Lei, que nos revela e ensina a reconhecer o pecado que não conhecíamos antes e do qual não estávamos seguros, faz que o pecado seja encontrado em nós e nos entregue tão poderosamente à morte.

Nun siehe, mit welcher Gewalt Moses solches sein Amt treibt und ausrichtet, denn daß er ja die Natur aufs allerhöchste schände, gibt er nicht allein solche Gesetze, die von natürlichen und wahrhaftigen Sünden sagen, als da sind die zehn Gebote, sondern macht auch Sünde, da von Natur sonst keine Sünde ist, und dringt und drückt sie auf mit Haufen Sünden. Denn Unglaube und böse Lust ist von Art Sünde und des Todes wert. Aber daß man nicht soll gesäuertes Brot essen auf Ostern, und kein unreines Tier essen, kein Zeichen an den Leib machen, und alles, was das levitische Priestertum mit Sünden schafft, das ist nicht von Art Sünde und böse, sondern wird allein darum Sünde, daß durchs Gesetz verboten ist, welches Gesetz wohl kann absein. Aber die zehn Gebote mögen nicht also absein, denn da ist Sünde, obschon die Gebote nicht wären oder nicht erkannt wären, gleichwie der Heiden Unglaube Sünde ist, ob sie es wohl nicht wissen noch achten, daß Sünde sei.

Also sehen wir, daß solche und so mancherlei Gesetze Mose nicht allein darum gegeben sind, daß niemand etwas Eigenes dürfte erwählen, Gutes zu tun und wohl zu leben, wie droben gesagt ist, sondern vielmehr darum, daß der Sünden nur viel würden und sich über die Maßen häuften, das Gewissen zu beschweren, auf daß die verstockte Blindheit sich erkennen müßte und ihr eigenes Unvermögen und Nichtigkeit zum Guten müßte fühlen, und also durchs Gesetz genötigt und gedrungen würde, etwas Weiteres zu suchen denn das Gesetz und eigene Vermögen, nämlich Gottes Gnade, im künftigen Christum verheißen. Denn es ist je alles Gesetz Gottes gut und recht, wenn er auch gleich hieße, nur Mist tragen oder Strohhalme aufheben, so muß aber der ja nicht fromm noch guten Herzens sein, der solch gutes Gesetz nicht hält oder ungerne hält, darum muß sie hier am guten Gesetz Gottes ihre Bosheit erkennen und fühlen, und nach der Hilfe göttlicher Gnade seufzen und trachten in Christo.

Darum, wo nun Christus kommt, da hört das Gesetz auf, sonderlich das levitische, welches Sünde macht da

*Da liberdade do cristão*

Ora, considere a violência com a qual Moisés exerce e executa a sua missão, pois, a fim de desonrar o mais possível a natureza, ele entrega não somente essas Leis que falam dos pecados naturais e verdadeiros, como são os dez mandamentos, mas também coloca como pecado o que comumente a natureza não considera pecado, e acentua-o e junta-o a um monte de pecados. Já que a falta de fé e a disposição ao mal são tipos de pecado que merecem a morte. Mas o fato de não se poder comer pão com fermento na Páscoa, nem animais impuros, nem fazer um sinal qualquer no corpo, e tudo o que o clero levítico classifica de pecado, não é por natureza pecado, nem maldade, mas torna-se pecado unicamente porque é proibido pela Lei – uma Lei que pode muito bem ser eliminada. Mas os dez mandamentos não podem ser eliminados, pois nesse caso é pecado, mesmo se eles não existissem ou não fossem reconhecidos como tais, do mesmo modo que a falta de fé dos pagãos é pecado, embora eles não saibam, nem percebam que isso é pecado.

Portanto, vemos que Moisés entregou-nos essas diversas leis não somente porque ninguém podia escolher algo próprio, fazer o bem e viver bem, como já foi dito, mas sobretudo para fazer pesar a consciência, já que os pecados se multiplicaram e assumiram dimensões enormes; assim, a cegueira empedernida teve de se reconhecer e sentir sua própria nulidade e incapacidade de fazer o bem, sendo portanto obrigada e impelida pela Lei a procurar algo além da Lei e de sua própria capacidade, ou seja, a graça de Deus, na promessa de um futuro Cristo. Porque todas as leis de Deus são sempre boas e justas, ainda que Ele tenha ordenado carregar estrume ou apanhar palha; portanto, não deve ser devoto nem ter um bom coração aquele que não cumpre uma tal Lei boa ou cumpre-a de mau grado. Como a natureza inteira não pode fazer outra coisa a não ser cumpri-la de mau grado, ela precisa reconhecer e sentir então a sua própria maldade mediante a boa Lei de Deus, suplicar e aspirar à ajuda da graça divina em Cristo.

É por essa razão que a Lei cessa quando Cristo vem, principalmente a Lei levítica que classifica de pecado

# Martinho Lutero

sonst von Art keine Sünde ist, wie gesagt ist. So hören auch die zehn Gebote auf, nicht also, daß man sie nicht halten noch erfüllen sollte, sondern Moses Amt hört drinnen auf, daß es nicht mehr durch die zehn Gebote die Sünde stark macht, und die Sünde nicht mehr des Todes Stachel ist. Denn durch die Gnade Christi das Herz nun gut geworden und dem Gesetz hold ist, und ihm genug tut, daß es Moses Amt nicht mehr kann strafen und zu Sünden machen, als hätte es die Gebote nicht gehalten und wäre des Todes würdig, wie es tat vor der Gnade und ehe denn Christus da war.

Das lehrt St. Paulus 2. Cor. 3, da er spricht, daß die Klarheit im Angesicht Mose aufhört, um der Klarheit willen im Angesicht Jesu Christi, das ist, das Amt Mose, das uns zu Sünden und Schanden macht mit dem Glanz der Erkenntnis unserer Bosheit und Nichtigkeit, tut uns nicht mehr weh, schreckt uns auch nicht mehr mit dem Tod, denn wir haben nun die Klarheit im Angesicht Christi, das ist, das Amt der Gnade, dadurch wir Christum erkennen, mit dessen Gerechtigkeit, Leben und Stärke wir das Gesetz erfüllen, Tod und Hölle überwinden, wie auch die drei Apostel auf dem Berge Tabor Mosen und Eliam sahen und doch nicht vor ihnen erschracken um der lieblichen Klarheit willen im Angesicht Christi. Aber Exod. 34, da Christus nicht gegenwärtig war, könnten die Kinder Israel die Klarheit und das Glänzen in Mose Angesicht nicht erleiden, und er mußte eine Decke davor tun.

Denn es sind dreierlei Schüler des Gesetzes. Die ersten, die das Gesetz hören und verachten, führen ein ruchloses Leben ohne Furcht. Zu diesen kommt das Gesetz nicht, und sind bedeutet durch die Kalbdiener in der Wüste, um welcher willen Mose die Tafeln entzweiwarf und das Gesetz nicht zu ihnen brachte. Die anderen, die es angreifen mit eigener Kraft zu erfüllen ohne Gnade, die sind bedeutet durch die, die Mose Antlitz nicht sehen könnten, da er zum andern Mal die Tafeln brachte. Zu diesen kommt das Gesetz, aber sie leiden es nicht. Darum machen sie eine Decke drüber und führen ein heuchleriches Leben mit äußerlichen Werken des Gesetzes, welches doch das Gesetz alles zu Sünden macht, wo die Decke getan wurde, denn

# Da liberdade do cristão

o que por natureza não é pecado, como já foi dito. Desse modo, cessam também os dez mandamentos, não porque não se deve cumpri-los, nem obedecer a eles, mas porque a missão de Moisés cessa neles, pois o pecado não se torna pior por meio dos dez mandamentos e deixa de ser o aguilhão da morte. Afinal, por meio da graça de Cristo, o coração tornou-se bom e afeiçoado à Lei; ele fica satisfeito em saber que a missão de Moisés não pode mais castigar, nem criar pecados, acusando-o de não ter cumprido os mandamentos e de merecer a morte, como fazia antes da graça e antes da vinda de Cristo.

É o que ensina São Paulo em 2 Cor 3 [14-18], quando diz que a clareza na face de Moisés cessa por causa da clareza na face de Jesus Cristo, isto é, o ministério de Moisés, ao mostrar nossos pecados e nossas infâmias com o brilho do conhecimento de nossa maldade e nulidade, não nos fere mais, nem tampouco nos assusta com a morte. Já que temos agora a clareza na face de Cristo, isto é, o ministério da graça, por meio do qual reconhecemos Cristo e com cuja justiça, vida e força cumprimos a Lei e superamos a morte e o inferno. Do mesmo modo, os três apóstolos viram Moisés e Elias no monte Tabor graças à encantadora clareza na face de Cristo (Mt 17, 1-4). Entretanto, em Ex 34 (33-35), quando Cristo não estava presente, os filhos de Israel não suportaram a clareza e o brilho na face de Moisés, e ele teve de cobri-la com um véu.

É que existem três tipos de discípulos da Lei. Os primeiros ouvem e desprezam a Lei, e levam uma vida depravada sem temor. A estes a Lei não atinge, e eles são representados pelos servos do bezerro no deserto, em função dos quais Moisés partiu as tábuas e não lhes mostrou a Lei. Os segundos intentam com suas próprias forças cumpri-la sem a graça e são representados por aqueles que não conseguem ver o rosto de Moisés quando ele traz pela segunda vez as tábuas da Lei. A estes, a Lei atinge, mas eles não a suportam. Por isso, eles a recobrem com um véu e levam uma vida hipócrita, plena de obras exteriores da Lei, mas a Lei faz de tudo isso um pecado logo que o véu é retirado, pois

das Gesetz erweist, daß unser Vermögen nichts sei ohne Christus Gnade.

Die dritten sind, die Mosen klar ohne Decke sehen, das sind sie, die des Gesetzes Meinung verstehen, wie es unmögliche Dinge fordere. Da geht die Sünde in der Kraft, da ist der Tod mächtig, da ist des Goliaths Spieß wie ein Weberbaum und sein Stachel hat sechshundert Sekel Erz, daß alle Kinder Israel vor ihm fliehen, ohne der einige David, Christus unser Herr, erlöset uns von dem allen. Denn wo nicht Christus Klarheit neben solcher Klarheit Mose käme, könnte niemand solche Glänze des Gesetzes, der Sünde und des Todes Schrecken ertragen. Diese fallen ab von allen Werken und Vermessenheit, und lernen am Gesetz nicht mehr, denn allein Sünde erkennen und nach Christum zu seufzen, welches auch das eigentliche Amt Mose und des Gesetzes Art ist.

Also hat Mose auch selbst angezeigt, daß sein Amt und Lehre sollte währen bis auf Christum und alsdann aufhören, da er spricht Deut. 18: "Einen Propheten wir dir der HERR dein Gott erwecken aus deinen Brüdern wie mich, den sollst du hören etc." Dies ist der edelste Spruch und freilich der Kern im ganzen Mose, welchen auch die Apostel hoch geführt und stark gebraucht haben, das Evangelion zu bekräftigen und das Gesetz abzutun. Und alle Propheten gar viel draus gezogen. Denn weil Gott hier einen andern Mose verheißt, den sie hören sollen, zwinget es sich, daß er etwas anderes lehren würde denn Mose, und Mose seine Macht ihm übergibt und weicht, daß man jeden hören solle. So kann hier derselbe Prophet nicht Gesetz lehren, denn das hat Mose aufs allerhöchste ausgerichtet, und wäre keine Not, um des Gesetzes willen einen anderen Propheten zu erwecken, darum ist es gewiß von der Gnadenlehre und Christo gesagt.

Darum nennt auch St. Paulus Mose Gesetz das Alte Testament, Christus auch, da er das Neue Testament einsetzt. Und ist darum ein Testament, daß Gott darinnen verhieß und beschied dem Volk Israel das Land Kanaan, wo sie es halten würden, und gab es auch ihnen, und wurde

*Da liberdade do cristão*

a Lei demonstra que nossas capacidades não são nada sem a graça de Cristo.

Os terceiros são aqueles que veem Moisés claramente sem o véu; são os que entendem a intenção da Lei quando ela exige coisas impossíveis. É quando o pecado entra em vigor e a morte é poderosa, quando a lança de Golias parece um cilindro de tear e sua ponta parece pesar seiscentas moedas de bronze, afugentando assim todos os filhos de Israel, a menos que o íntegro Davi, Cristo nosso Senhor, nos redima de tudo isso. Porque, se a clareza de Cristo não estivesse ao lado da clareza de Moisés, ninguém poderia suportar o brilho da Lei, nem o susto diante do pecado e da morte. Estes renegam todas as obras e todo atrevimento, e nada mais aprendem da Lei, a não ser a reconhecer o pecado e a suplicar por Cristo, e de fato é nisso em que consistem o ministério de Moisés e a natureza da Lei.

Portanto, o próprio Moisés indicou que o seu ministério e a sua doutrina iriam durar até a vinda de Cristo e cessar logo em seguida, como ele afirma em Dt 18 [15]: "O SENHOR teu Deus te despertará entre teus irmãos um profeta como eu; a ele devereis ouvir etc." Estas são as palavras mais nobres e certamente o cerne de todo Moisés a quem os apóstolos tanto elevaram e utilizaram, a fim de fortalecer o Evangelho e eliminar a Lei. E todos os profetas retiraram muitas coisas daí. Porque, como Deus prometeu aí um outro Moisés que todos deveriam ouvir, é necessário que ele ensine algo diferente do ensinado por Moisés, e Moisés então entrega-lhe o seu poder e afasta-se para que todos possam ouvi-lo. Desse modo, esse profeta não pode ensinar a Lei, pois isto Moisés já fez extremamente bem, e não seria necessário despertar um outro profeta apenas em função da Lei. Por conseguinte, fala-se aí certamente da doutrina da graça e de Cristo.

Por isso, São Paulo chama a Lei de Moisés de Velho Testamento, e Cristo também, já que ele iniciou o Novo Testamento. Trata-se de um testamento porque Deus nele prometeu e destinou ao povo de Israel a terra de Canaã para que lá morassem, e deu-lhes também esse testamento que foi

befestigt durch Schafes und Bocks Tod und Blut. Aber weil solches Testament nicht auf Gottes Gnade, sondern auf Menschenwerken stand, mußte es alt werden und aufhören, und das verheißene Land wieder verloren werden, darum, daß Werke nicht mögen Gesetz erfüllen, und mußte ein anderes Testament kommen, das nicht alt würde, auch nicht auf unserem Tun, sondern auf Gottes Wort und Werken stände, auf daß es ewiglich währet, darum ist es auch durch einer ewigen Person Tod und Blut befestigt und ein ewiges Land verheißen und gegeben.

Das sei von Mose Büchern und Amt geredet, was sind aber nun die anderen Bücher der Propheten und der Geschichten? Antwort: Nichts anderes, denn was Mose ist, denn sie treiben allesamt Moses Amt und wehren den falschen Propheten, daß sie das Volk nicht auf die Werke führen, sondern in dem rechten Amt Mose und Erkenntnis des Gesetzes bleiben lassen, und halten fest drob, daß sie durch des Gesetzes rechten Verstand die Leute in ihrer eigenen Untüchtigkeit behalten und auf Christum treiben, wie Mose tut. Darum streichen sie auch weiter aus, was Mose von Christo gesagt hat, und zeigen an beiderlei Exempel derer, die Mose recht haben und derer, die ihn nicht recht haben, und allerbeider Strafe und Lohn. Also, daß die Propheten nichts anders sind denn Handhaber und Zeugen Mose und seines Amts, daß sie durchs Gesetz jedermann zu Christo bringen.

Aufs letzte sollte ich auch wohl die geistliche Bedeutung anzeigen, die durch das levitische Gesetz und Priestertum Mose vorgelegt. Aber es ist davon zu viel zu schreiben, es will Raum und Zeit haben und mit lebendiger Stimme ausgelegt sein. Denn freilich Mose ein Brunn ist aller Weisheit und Verstands, daraus gequollen ist alles, was alle Propheten gewußt und gesagt haben, dazu auch das Neue Testament herausfließt und drein gegründet ist, wie wir gehört haben. Aber doch ein kleines kurzes Grifflein zu geben denjenigen, die Gnade und Verstand haben, weiter nach zu trachten, sei das mein Dienst.

consolidado pela morte e pelo sangue de ovelhas e bodes. No entanto, como esse testamento não se assentava sobre a graça de Deus, mas sobre as obras humanas, ele teve de envelhecer e cessar, e a terra prometida foi perdida novamente porque obras não podem cumprir a Lei. Teve de surgir, então, um segundo testamento que não envelhecesse e não se assentasse sobre nossas ações, mas sobre a Palavra e as obras de Deus, para durar eternamente. Por isso, ele foi consolidado pela morte e pelo sangue de uma pessoa eterna, e uma terra eterna foi prometida e dada.

Dito isso sobre os livros e a missão de Moisés, o que são, contudo, os outros livros dos profetas e das histórias? Resposta: nada mais do que Moisés disse, pois eles juntos exercem a missão de Moisés e combatem os falsos profetas por eles não conduzirem o povo às obras, fazendo-o permanecer na verdadeira missão de Moisés e no conhecimento da Lei. Eles zelam para manter as pessoas em sua própria inaptidão por meio do correto entendimento da Lei, impulsionando-as em direção a Cristo, tal como Moisés fazia. Por isso, eles ampliam bastante o que Moisés disse sobre Cristo, dando dois tipos de exemplos, àqueles que compreendem bem Moisés e àqueles que o compreendem mal, com os correspondentes castigos e recompensas. Portanto, os profetas nada mais são que defensores e testemunhas de Moisés e de sua missão, e por meio da Lei conduzem todos nós a Cristo.

Por fim, queria mencionar também o significado espiritual apresentado por Moisés por meio do sacerdócio e da lei levítica. Mas é preciso escrever muito, ter muito tempo e espaço, e ser capaz de expor tudo de viva voz. Já que certamente Moisés é a fonte de toda sabedoria e inteligência da qual brotou tudo o que todos os profetas sabiam e disseram; dela jorrou também o Novo Testamento, que encontrou nela o seu fundamento, como já ouvimos. Entretanto, é minha tarefa dar uma pequena ideia àqueles que têm a graça e a inteligência para ambicionar ainda mais.

Wenn du willst wohl und sicher deuten, so nimm Christum vor dich, denn das ist der Mann, dem es alles und ganz und gar gilt. So mache nun aus dem Hohenpriester Aaron niemand denn Christum alleine, wie die Epistel zu den Hebräern tut, welche fast allein genugsam ist, alle Figuren Mose zu deuten. Also ist es auch gewiß, daß Christus selbst das Opfer ist, ja auch der Altar, der sich selbst mit seinem eigenen Blut geopfert hat, wie auch dieselbe Epistel meldet. Wie nun der levitische Hohepriester durch solches Opfer nur die gemachten Sünden wegnahm, die von Natur nicht Sünde waren, also hat unser Hohepriester Christus durch seines selbst Opfer und Blut die rechte Sünde, die von Natur Sünde ist, weggenommen, und ist einmal durch den Vorhang gegangen zu Gott, daß er uns versöhne. Also, daß du alles, was von dem Hohenpriester geschrieben ist, auf Christum persönlich und sonst auf niemanden deutest.

Aber des Hohenpriesters Söhne, die mit dem täglichen Opfer umgehen, sollst du auf uns Christen deuten, die wir vor unserem Vater Christo im Himmel sitzend hier auf Erden mit dem Leibe wohnen und nicht hindurch sind bei ihm, außer mit dem Glauben geistlich. Derselben Amt, wie sie schlachten und opfern, bedeutet nichts anderes, denn das Evangelion predigen, durch welches der alte Mensch getötet und Gott geopfert, durchs Feuer der Liebe im heiligen Geist verbrannt und verzehrt wird, welches gar wohl riecht vor Gott, das ist, es macht ein gutes, reines, sicheres Gewissen vor Gott. Diese Deutung trifft St. Paulus Röm. 12, da er lehrt, wie wir unsere Leiber sollen opfern Gott zum lebendigen, heiligen, angenehmen Opfer, welches wir tun (wie gesagt ist) durch stetige Übung des Evangelii, beide mit Predigen und Glauben. Das sei diesmal Evangelion zu suchen im Alten Testament.

Es soll auch wissen, wer diese Bibel liest, daß ich mich gefließen habe, den Namen Gottes, den die Juden Tetragrammaton heißen, mit großen Buchstaben auszuschreiben, nämlich also, HERR, und den anderen, den sie heißen Adonaï, halb mit großen Buchstaben, nämlich also, HErr, denn unter allen Namen Gottes werden diese zwei allein

# Da liberdade do cristão

Se tu quiseres interpretar corretamente e com segurança, tem Cristo em mente, pois ele é o homem que serve de referência a tudo. Assim, no sumo sacerdote Aarão tu não verás outra pessoa a não ser Cristo, como mostra a Epístola dos Hebreus, que, sozinha, basta para interpretar todas as figuras de Moisés. Portanto, também é certo que o próprio Cristo é a vítima, e também o altar, que se sacrificou com seu próprio sangue, como anuncia a referida epístola. Ora, uma vez que o sumo sacerdote levítico, mediante tal sacrifício, afastou apenas os pecados já cometidos, que por natureza não eram pecados, Cristo, o nosso sumo sacerdote, afastou mediante o seu próprio sacrifício e o seu próprio sangue os verdadeiros pecados que por natureza são pecados; assim, ele atravessou a cortina e chegou a Deus para nos reconciliar. Portanto, ao interpretar, tu deves relacionar tudo o que foi escrito pelo sumo sacerdote, a Cristo e a mais ninguém.

Entretanto, tu deves relacionar os filhos do sumo sacerdote, que lidam com os sacrifícios cotidianos, a nós cristãos que vivemos aqui na Terra com nossos corpos diante de Cristo, nosso pai, que está sentado no céu; e nós só nos aproximamos dele espiritualmente por meio da fé. O ministério deles, quando imolam e sacrificam, não significa outra coisa a não ser pregar o evangelho por meio do qual o velho homem é morto e sacrificado a Deus, queimado e consumido pelo fogo do amor no Espírito Santo, esse fogo que exala um bom aroma perante Deus, isto é, proporciona uma consciência boa, pura e segura diante de Deus. São Paulo adota essa interpretação em Rm 12 [1] ao ensinar que devemos sacrificar nossos corpos a Deus apresentando-os em sacrifício vivo, santo e agradável, fazendo-o (como já foi dito) por meio da prática constante do evangelho, de dois modos: por meio da pregação e da fé. Isso bastaria por enquanto como uma breve orientação para procurar Cristo e o evangelho no Velho Testamento.

Mas quem ler esta bíblia deve saber também que me esforcei para escrever em letras maiúsculas o nome de Deus que os judeus chamam de tetragrama (J.H.W.H.), ou seja, SENHOR, e o outro que eles chamam de Adonai, escrito pela metade em letras maiúsculas, ou seja, SENhor. Portanto, entre todos os nomes de Deus, a Escritura atribui apenas estes dois

dem rechten wahren Gott in der Schrift zugeeignet, die anderen aber werden oft auch den Engeln und Heiligen zugeschrieben. Das habe ich darum getan, daß man damit gar mächtiglich schließen kann, daß Christus wahrer Gott ist, weil ihn Jeremia 23 HERR nennt, da er spricht: "Sie werden ihn heißen HERR unser Gerechter", also an mehr Orten desgleichen zu finden ist.

Hiermit befehle ich alle meine Leser Christo und bitte, daß sie mir helfen bei Gott erlangen, dies Werk nützlich hinauszuführen, denn ich bekenne frei, daß ich mich zuviel angenommen habe, sonderlich das Alte Testament zu verdeutschen, denn die hebräische Sprache liegt leider zu gar danieder, daß auch die Juden selbst wenig genug davon wissen und ihrem Glossieren und Deuten (das ich versucht habe) nicht zu trauen ist. Und achte, soll die Bibel hervorkommen, so müssen wir es tun, die Christen sind, als die den Verstand Christi haben, ohne welchen auch die Kunst der Sprache nichts ist. Welches Mangels halben viele der alten Dolmetscher, auch Hieronymus an vielen Orten gefehlt haben. Ich aber, wie wohl ich mich nicht rühmen kann, daß ich alles erlangt habe, wage ich doch das zu sagen, daß diese deutsche Bibel lichter und gewisser ist an vielen Orten denn die lateinische, daß es wahr ist: Wo die Drucker sie mit ihrem Unfleiß (wie sie pflegen) nicht verderben, hat gewißlich hier die deutsche Sprache eine bessere Bibel denn die lateinische Sprache, des berufe ich mich auf die Leser.

Nun wird sich auch der Kot an das Rad hängen, und wird keiner so grob sein, der hier nicht wolle Meister über mich sein und mich hier und da tadeln. Wohlan, die lasse ich fahren. Ich habe es von Anfang wohl bedacht, daß ich eher zehntausend finden wollte, die meine Arbeit tadeln, ehe ich einen fände, der mir das zwanzigste Teil nachtäte. Ich wollte auch gar gelehrt sein und meine Kunst köstlich beweisen, wenn ich sollte St. Hieronymus' lateinische Bibel tadeln. Aber er sollte mir auch wohl wiederum Trotz bieten, daß ich es ihm nachtäte. Ist nun jemand so sehr über mich gelehrt, der nehme sich die Bibel ganz zu verdeutschen und sage mir danach wieder, was er kann.

*Da liberdade do cristão*

ao Deus correto e verdadeiro; os outros, porém, são atribuídos frequentemente também aos anjos e aos santos. Procedi assim para que se possa concluir claramente que Cristo é o verdadeiro Deus, visto que Jr 23 [6] chama-o de SENHOR ao dizer: "A ele nomearão SENHOR, nosso juiz", como se pode ver também em muitos outros trechos.

Assim, entrego todos os meus leitores a Cristo e peço para me ajudarem junto a Deus a conseguir tornar útil esta obra, pois confesso sinceramente que me excedi ao me propor a verter principalmente o Velho Testamento para o alemão; afinal, a língua hebraica infelizmente anda tão por baixo que os próprios judeus sabem muito pouco a respeito dela e não se pode confiar em suas glosas e interpretações (as quais testei). E atenção: a bíblia só ganhará destaque se nós cristãos nos propusermos a isso, nós que temos o entendimento de Cristo sem o qual a arte da língua nada significa. Em virtude dessa lacuna, muitos dos antigos tradutores, incluindo Jerônimo, falharam em muitos trechos. Eu, porém, sem querer me gabar por ter me saído bem em tudo, ouso dizer que esta bíblia alemã em muitos trechos é mais clara e mais correta que a latina, mas, na verdade – se os tipógrafos não a estragarem com sua costumeira negligência –, a língua alemã possuirá agora com certeza uma bíblia melhor que a latina, é o que apelo aos leitores.

Portanto, a lama prende-se à roda, e ninguém será tão inculto a ponto de não querer passar-se por mestre e criticar-me por vezes. Pois bem, eu vos deixo prosseguir. Desde o princípio ponderei que preferiria encontrar dez mil que criticassem meu trabalho a encontrar um que fizesse a milésima parte do que fiz. Queria também ser realmente erudito e demonstrar habilmente minha arte, mesmo tendo de criticar a bíblia latina de São Jerônimo. Mas ele, por sua vez, também deveria me impedir que eu o imitasse. Bem, quem for bem mais instruído que eu, que se proponha então a verter a bíblia inteira para o alemão e me dizer depois do que é capaz.

Macht er es besser, warum soll man ihn nicht mir vorziehen? Ich meinte auch, ich wäre gelehrt, und weiß mich auch gelerhter denn aller hohen Schulen Sophisten, von Gottes Gnaden. Aber nun sehe ich, daß ich auch noch nicht meine angeborene deutsche Sprache kann. Ich habe auch noch bisher kein Buch noch Brief gelesen, da rechte Art deutscher Sprache innen wäre. Es achtet auch niemand, recht Deutsch zu reden, sonderlich der Herren Kanzleien und die Lumpenprediger und Puppenschreiber, die sich lassen dünken, sie haben Macht, deutsche Sprache zu ändern und dichten uns täglich neuer Wörter, "beherzigen", "behändigen", "ersprießlich", "erschließlich" und dergleichen, ja lieber Mann, es ist wohl betöret und ernarret dazu.

Summa, wenn wir gleich alle zusammen täten, wir hätten dennoch alle genug an der Bibel zu schaffen, das wir sie ans Licht brächten, einer mit Verstand, der andere mit der Sprache. Denn auch ich nicht allein hierinnen habe gearbeitet, sondern dazu gebraucht, wo ich nur jemanden habe bekommen mögen. Darum bitte ich, jedermann lasse sein Lästern und die armen Leute unverwirret, sondern helfe mir, wo er kann. Will er das nicht, so nehme er die Bibel selbst vor und mache sich eine eigene. Denn diejenigen, die nun lästern und zwacken, sind freilich nicht so fromm und redlich, daß sie gerne wollten eine lautere Bibel haben, sintemal sie wissen, daß sie es nicht vermögen, sondern wollten gerne Meister Klügling in fremder Kunst sein, die in ihrer eigenen Kunst noch nie Schüler geworden sind. Gott wollte sein Werk vollführen, das er angefangen hat. AMEN.

*Da liberdade do cristão*

Se o resultado for melhor, por que então não lhe dar preferência? Eu também achava que era instruído, e sei que sou mais instruído que todos os sofistas de todas as escolas superiores, com a graça de Deus. Mas vejo agora também que ainda não conheço minha língua materna. Até agora, ainda não li nenhum livro ou carta que empregasse a maneira correta da língua alemã. Ninguém se preocupa em falar bem o alemão, principalmente as chancelarias dos senhores, os pregadores infames e os escrivães mecânicos que presumem ter o poder de modificar a língua alemã e inventam diariamente palavras novas, tais como "tomar a peito", "passar às mãos", "jorrante", "abrível" etc.; pois bem, meu caro, é algo bem enganoso e burlesco.

Em suma, mesmo trabalhando todos juntos ainda teríamos de fazer muito para divulgar a bíblia, um com o entendimento, outro com o idioma. Afinal, eu também não trabalhei sozinho para tanto, e utilizei toda ajuda que pude receber de quem quer que fosse. Por isso peço a todos que abandonai vossas blasfêmias, parai de confundir as pobres pessoas e ajudai-me no que puderdes. Se não quiserdes, pegai a bíblia e fazei uma, vós mesmos. Porque aqueles que apenas blasfemam e importunam, com certeza não são tão devotos e probos a ponto de preferirem uma bíblia pura, sobretudo porque sabem que não seriam capazes, preferindo, ao contrário, passar-se por mestres sabichões das artes alheias sem jamais terem sido alunos em sua própria arte. Deus preferiria completar a obra que começou. AMÉM.

SOBRE O LIVRO

*Formato*: 12 x 21 cm
*Mancha*: 20,6 x 43 paicas
*Tipologia*: Garamond Three 11/13
*Papel*: Pólen 80 g/m$^2$ (miolo)
Cartão Supremo 250 g/m$^2$ (capa)
2$^a$ *edição revista*: 2015

**GRÁFICA PAYM**
Tel. [11] 4392-3344
paym@graficapaym.com.br